LA 또감사교회의
선교행전

선교행전

지은이 최경욱
펴낸이 김명식
펴낸곳 (주)넥서스

초판 1쇄 인쇄 2015년 1월 20일
초판 1쇄 발행 2015년 1월 25일

출판신고 1992년 4월 3일 제311-2002-2호
121-893 서울시 마포구 양화로 8길 24
Tel (02)330-5500 Fax (02)330-5555

ISBN 979-11-5752-181-4 03230

www.nexusbook.com
넥서스CROSS는 (주)넥서스의 기독 브랜드입니다.

LA또감사교회의
선교
행전

최경욱 지음

넥서스CROSS

《선교행전》은 선교적 교회를 향한 심오하고도 재미있는 교과서다. 이천 년이란 세월이 무색할 만큼 이 책에 기록된 이야기와 생각은 거침없는 사도행전의 연속이다. 아메리칸 드림을 좇아 새벽부터 밤늦게까지 억척같이 일하는 이민자들에게 성령께서는 하나님 나라를 향한 원대한 '킹덤 드림' (Kingdom Dream)을 불어넣으셨다.

그리스도의 몸인 교회는 처음부터 끝까지 '선교'다. 요즘 유행어가 된 '선교적 교회'라는 말이 서글프고도 신학적으로 어정쩡한 이유가 바로 거기에 있다. 교회가 본질을 잃어버려 '선교적'이라는 수식어를 붙여야 하는 상황이 말이다. 그러기에 신학적으로 볼 때 '보내는 선교사'나 '가는 선교사', '비거주 선교사' 이런 건 변질된 교회 모습에서 생겨난 생소한 말이다. 주의 제자인 우리는 이미 세상으로 보내졌다.

또감사교회의 경험과 거기에서 건져 올린 선교학이 그래서 빛난다. "이젠 왜 그토록 열심히 사업을 해야 하는지 알았습니다"라는 고백은 심오한 선교학적 진리다. "우린 선교 정책이나 전략이 없습니다. 성령의 인도하심을 세심하게 기다립니다"라는 담임 목사의 신학적 고백이 그래서 보석같다. 귀한 이야기들을 한 켜 걸어 내면 '모두가 선교의 영웅'이 되도록 이끄는 '선교적 리더십'이 나오고, 모두가 열방을 향해 하나님의 초청을 선포하는 '만인 선지자론'과 같은 보석이 나온다. 동시에 디아스포라 신학과 '세대 간 선교적 연결'과 같은 목회적 선교적 과제들도 나온다. 다음 십 년이 벌써 설레는 그런 책이다.

교회가 살아나고 싱싱하게 나가는 길이 '선교적 교회'에 있다고 믿는다면 이 책을 파 보시라. '몇 백만 달러' 같은 숫자에 눈길을 멈추지 말고 무엇이 이 공동체를 이토록 움직였는지 계속 물어 보라. '흥분' 속에서 깊은 성찰이 금방 튀어나올 거다. 보증한다! ___옥스퍼드 선교대학원 원장 **마원석**

이 책《선교행전》은 선교를 통해 배우고 자라 하나님 나라의 단단한 밑돌이 되어 가는 사람들의 이야기다. 그들은 아메리칸 드림을 좇아 미국으로 이민해서 열심히 살았다. 그러다가 하나님의 은혜로 예수 그리스도를 영접한 뒤 그들의 삶은 '아메리칸 드림'이 아닌 '하나님 나라의 꿈'을 위한 삶으로 변했고, '선교'를 위한 열정과 헌신의 공동체를 이뤄간다. 그렇게 선교를 위해 헌신한 이들을 삶을 통해 그들보다 더 뜨겁게 열정적으로 일하시는 하나님을 만나게 한다.

"어떻게 살아야 그리스도인이라 할 수 있을까?" 하는 오래된, 그러나 언제나 새로운 질문을 다시 하면서, 그런 삶을 사는 이들이 있다는 것에 진심으로 감사하다. 이 책이 우리의 삶을 흔들어 깨우기를 소망한다. 우리가 사는 이유도 그들과 다르지 않다. ___지구촌교회 담임 목사 **진재혁**

예수님께서는 제자들에게 겨자씨 만한 믿음이 얼마나 위대한 일을 할 수 있는지 가르쳐 주셨다. 이 책《선교행전》은 겨자씨 만하지만 뜨거운 믿음을 가진 교회와 성도를 통해서 일하시는 하나님의 위대한 사역을 보여 준다. 그리고 그 열매가 온 세상에 큰 축복으로 자라고 있음 또한 보여 준다.

진심으로 모든 한국 교회가 온 세계에 복음을 전하는 교회로 자라나기를, 축복받은 믿음을 담대히 실천하기를 기원한다.

_ 로잔 선교회 총재 **마이클 오**

선교는 사랑이다. 이 책 《선교행전》은 하나님의 사랑을 받은 이가 그 사랑에 감격해서 선교에 헌신한 이야기다. 참된 사랑은 동사임을 보여 주는 사랑의 이야기다. 영혼을 살리고, 그들을 교육하기 위해 '거룩한 낭비'를 할 줄 아는 교회의 이야기다.

선교를 주도하는 분은 성령님이시다. 중요한 것은 성령님의 음성과 인도하심에 즉각적인 순종으로 반응하는 것이다. 이 책은 하나님께 순종하는 믿음이 얼마나 놀라운 일을 할 수 있는가를 보여 준다.

그리고 이 책은 선교에 중독된 사람들의 이야기다. 하나님이 기뻐하시는 거룩한 중독이 있다면 그것은 바로 선교다. 선교를 다녀온 후 다시 선교 현장으로 떠날 수밖에 없는 '거룩한 충동'이 선교를 지속하게 만든다. 선교지에서 만났던 해맑은 영혼들의 눈빛과 밝은 미소, 그리고 그들의 감추인 갈망과 깊은 감사, 순수한 사랑이 그리워 헌신하게 된다.

선교적 교회에 열망을 가진 목회자, 선교에 헌신하고 있는 선교사, 선교의 주역인 그리스도의 제자에게 이 책을 추천하고 싶다.

_ LA 새생명비전교회 담임 목사 **강준민**

교회의 사명은 그리스도의 재림 때까지 하나님 나라를 선포하고 하나님의 뜻을 구현하는 것이다. 복음을 전파하여 사람들을 하나님과 화목하게 할 뿐 아니라 세상을 변화시키는 사회적인 책임을 감당하는 일이 땅 위에 있는 교회가 할 일이다.

또감사교회는 시작된 지 10여 년밖에 되지 않은 젊은 교회다. 나는 교회가 시작될 때부터 지금까지 또감사교회에서 성도들과 더불어 주님께 경배하며 선교 사역에 동참하는 특권을 가졌다. 영혼 구원과 제자 훈련과 세계 선교에 힘쓰는 교회, 목사님과 성도가 순수한 교회다. 또한 선교적 교회가 되어 국내뿐 아니라 해외에서 열정적이고 희생적으로 주님과 그분의 백성들을 섬기고 있다. 또감사교회는 교회의 순수함과 주님을 향한 첫사랑을 유지하고 있다.

이 책《선교행전》은 하나님께서 지난 10년 동안 또감사교회를 통하여 어떻게 일하셨는가를 기록한 생생한 증언이다. 이 책을 읽는 모든 분의 마음에 선교적 열정이 생기고 헌신이 있기를 바라 마지않는다.

– 풀러신학교 아시아선교학 교수 **박기호**

이 책《선교행전》은 "신(新)사도행전"이다. 교회는 어느 정도 성장했을 때 선교하는 것이라는 통념은 진리가 아니다. 신약의 초대 교회가 처음부터 선교했듯이 선교는 교회가 존재하면서 시작되는 것이다. LA 또감사교회는 처음부터 선교하는 교회였다.

또한 이 책《선교행전》은 "모험행전"이다. 선교는 예측 불허의 상황에서 성령께서 인도하시는 대로 가야 하기에 때로 무모해 보이고 합리적이지 않아 보인다. 하지만 이들은 모험 속에서 자신을 내려놓는 길을 선택했다. 선교가 교회의 기쁨이요 존재 이유였다. 복음의 기쁜 소식은 전해야 하는 일이기 이전에 전할 수밖에 없는 것이다.

이 책을 통해 다시 한 번 선교의 이유와 그 열매를 확인하게 되어 감사하다. 많은 성도와 교회 지도자에게 교회의 사명을 재확인하는 계기가 되기를 간절히 원하며 추천한다.

_ 온누리교회 담임 목사 **이재훈**

하나님께서 행하신 선교 이야기
또감사선교교회 10년의 발자취

또감사선교교회라는 이름으로 교회가 시작된 지 십 년이라는 세월이 지났습니다. 지난 시간 동안 또감사선교교회를 통해 이루어진 귀한 사역들을 돌아보면 가장 먼저 하나님께 감사와 영광을 돌리게 됩니다. 또한 하나님의 손과 발이 되어, 전 세계를 다니며 선교하는 일에 헌신한 또감사선교교회 성도들의 수고에 힘찬 박수를 보내 드립니다.

이 책에 담긴 이야기는 하나님께서 행하신 일이기에, 모든 영광과 기쁨도 하나님이 받으셔야 마땅함을 선포합니다. 그리고 이 책은 하나님께서 부족한 이민 교회 성도들을 통해 행하신 선교 이야기라는 것을 말하고 싶습니다. 그 어디에도 정붙일 곳 없는, 마치 이 땅에서 순례자와 같은 삶을 살아가는 이민자들이 주님을 사랑해서 최선을 다해 섬겨

온 또감사선교교회 이야기를 전해 드리고자 합니다. 치열하다고 느껴질 만큼 헌신하는 성도들을 바라보며 목사로서 그들의 땀과 수고에 위로와 격려를 드리고 싶습니다.

혹여 이 책이 저희 교회의 자랑처럼 들리진 않을까 염려한 적도 있습니다. 하지만 조금이라도 그렇게 느껴진다면 그것은 제대로 전하지 못한 제 잘못입니다.

또감사선교교회 이야기를 통해 하나님의 영광이 드러나고, 지금부터 10년 후에는 더 많은 이야기가 넘쳐흘러 서로 격려를 주고받을 수 있기를 바랍니다. 또 우리 모두에게 살아서 역사하시는 하나님으로 인해 한없는 위로와 기쁨이 있기를 소망합니다.

하나님의 자녀로 구원받은 것만으로도 엄청난 복인데, 또감사선교교회라는 공동체의 일원으로 부르시고 선교를 품을 수 있게 하신 하나님의 은혜가 더없이 감사할 뿐입니다.

안식월 중 로마에서
최경욱 목사

C o n t e n t s

한국에서 파송받은 선교사가 그 자리에서
계속 선교할 수 있도록 후원하는 감사기도회가
또감사선교교회의 전신이다.

Part 1

탄생

TTOKAMSA
MISSION CHURCH

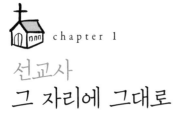

chapter 1

선교사
그 자리에 그대로

1997년 8월, 우리 부부는 브라질 선교사로 파송받아 두 번째 기간을 시작하고 있었다. 그런데 4~5개월 후에 국가 부도 위기 사태(IMF)가 선교지를 강하게 흔들었다. IMF가 터지자 어떤 후원 교회가 지원을 중단한지 알 수 없는 가운데 후원금은 줄었고, 설상가상으로 원화가 급격히 떨어져 선교본부(GMS)조차 선교비 송금을 중단했다. 이 일을 겪으며 나는 내 믿음이 매우 약하다는 것을 깨달았다. 위기 앞에서 사역은커녕 당장 아내와 세 딸의 생존을 책임지는 가장으로서 흔들리고 있었기 때문이다. 이러한 상황에서 나는 생각했다.

'나는 선교사로서 자격이 있는가? 하나님은 이런 기회를 통해서 선교사 거품을 제거하시는구나.'

선교 사역을 포기하려던 무렵 뜻밖에도 북아메리카에서 선교 후원을 하겠다는 소식이 날아왔다. 까마귀 새끼가 하나님을 향하여 부르짖으며 먹을 것이 없어서 허우적거릴 때, 그 먹이를 마련하는 하나님의 손길이었다. 하나님의 손길을 대신한 그 후원 모임이 또감사선교교회가 설립되기 전에 있던 '감사기도회'라는 것을 나중에야 알게 되었다.

그때 받은 후원금은 물질적 가치를 뛰어넘어 내게 영적인 힘이 되었다. 선교사와 동역하는 북아메리카의 한인 교회가 매우 존귀하게 느껴졌다. 그리고 이것은 선교지에서 떠나지 말라는 하나님의 음성으로 들려왔다.

그 도움으로 우리 부부는 18년 동안 브라질 선교 사역을 무사히 마쳤다. 브라질에서 교회를 개척하고 성경 연구원과 고아원 사역을 할 수 있었던 것은 주님이 덤으로 주신 축복이었다.

지금 나는 북미 교포 교회에서 사역하지만 내 마음과 눈은 여전히 선교지에 있다. 전 세계를 향해 나아가는 또감사선교교회가 가진 비전이 나를 비롯한 모든 믿는 이의 꿈으로 확장되기를 소망한다.

얼마 전에 브라질 주재 선교사로 사역한 하재식 목사가 내게 보내준 편지다. 그분과 나는 미국에서 만나 잘 알고 지내던 사이였다. 그런데 우연히 이야기를 나누는 중에 그가 지난 18년 동안 브라질에서 선교할 때 또감사선교교회로부터 후원을 받아 어려움을 극복하게 되었다는 이야기를 들었다.

감사기도회에서 또감사선교교회로

당시 1997년 12월, 한국은 국가 부도 위기 사태(IMF)를 발표했다. IMF 사태를 겪고 난 뒤 1988년 1월부터 2000년 12월까지 한국 국민 소득은 30%가 줄었으며, 저축은 40%가 감소하는 어려운 시기를 맞이했다. 1990년대 한국인 해외 활동 선교사는 약 1만 명이었는데 IMF 환율 변동으로 한국에서 송금 받던 선교비가 반으로 줄면서, 많은 한국인 선교사가 현지 사역을 포기하고 귀국할 처지에 놓였다.

한국의 IMF 사태로 해외 선교사들이 극심한 경제적 어려움을 겪고 있다는 사실은 순식간에 미국 LA지역에 있는 교회에 알려졌다. 그리고 한인 교회 20여 개가 한데 모여 '한국 선교사 후원 헌신 예배'를 드리게 되었다. 그곳에 참석한 LA지역 그리스도인 가운데 선교에 비전을 품은 15명의 성도가 다시 모여 '한국인 선교사 재정 후원 방안'을 놓고 기도하기 시작했다.

"1년 동안 10억 원(백만 달러) 선교 후원 모금"과 "선교사 그 자리에 그대로"라는 기도 제목을 정하고 LA 한인타운에 매일 모여 하나님의 인도하심을 구하며 기도했다. 그 자리에 모인 이들이 "주께서 우리에게 주신 사명이 너무도 감사하니 우리 모임의 이름을 감사기도회로 정하자"라고 마음을 하나로 모았고 그렇게 '감사기도회'가 시작되었다. 이는 또감사선교교회의 전신이다. 감사(Korean American Missionary Support Alliance)라는 후원 단체가 만들어진 것이다. 당시 나성영락교

회를 담임하던 박희민 목사가 후원장으로, 장도원 장로(또감사선교교회 장로, Forever 21 회장)가 재정부장으로 섬겨 주셨다.

　한국 교회에서 파송받은 선교사를 돕겠다고 모인 이 기도회는 꾸준히 이어졌다. 하나님의 나라 확장을 위해 집중해서 기도할 때, 하나님은 그분의 사람들에게 이 땅에서 살아가야 할 목적을 더욱 선명하게 보여 주시고, 주의 손에 붙들린 바 되어 사는 것이 무엇인지를 알게 하셨다.

　당시 한국에서 파송받아 세계로 흩어진 한인 선교사들의 숫자는 적지 않았다. 이민 교회 성도들은 선교사들이 선교지에서 떠나지 않도록 기도와 물질로 후원하겠다고 마음을 다했다. 그들은 대부분 LA 다운타운에서 의류와 관련된 사업을 하고 있었다. 그 마음으로 모인 것 자체가 하나님의 선교에 책임 의식을 갖고 나아가는 모습이었다. 순수한 마음에서 시작된 모임이었기에 하나님께서 그 마음을 귀하게 받으셨고 그 씨앗이 삼십 배, 육십 배, 백 배로 열매 맺도록 인도해 주셨다.

하나님의 마음을 깨닫고

하나님은 선교에 관심이 많으시고 그 일을 귀히 여기신다. 그래서 멀찍이서 바라만 보는 것이 아니라 선교가 잘 이루어지도록 적극적으로 도우신다. 하나님의 도구가 되고자 나아가는 자들과 함께하며, 그들을 눈여겨보며, 더욱 친밀한 관계를 허락하신다.

  지난 10년 동안 또감사 공동체가 선교에 모든 힘을 쏟을 수 있었던 것은, 하나님의 마음을 깨달았기 때문이다. 주님은 인류의 죄를 대신하여 죽으시고, 장사한 지 사흘 만에 부활하셨고, 승천하기 전에 제자들에게 그분의 마음을 전해 주셨다. 그것을 우리는 '지상 명령'이라 부른다. 지상 명령은 주님의 마음임을 선교 사역을 통해 깊이 깨닫게 되었다.

  예수께서 나아와 말씀하여 이르시되 하늘과 땅의 모든 권세를 내게 주셨으니 그러므로 너희는 가서 모든 민족을 제자로 삼아 아버지와 아들과 성령의 이름으로 세례를 베풀고 내가 너희에게 분부한 모든 것을 가르쳐 지

키게 하라 볼지어다 내가 세상 끝날까지 너희와 항상 함께 있으리라 하시니라(마 20:18~20)

그 약속은 거저 얻는 것이 아니라, 우리가 주님의 지상 명령을 가지고 세상으로 나아갈 때, 나아가서 모든 족속으로 제자 삼을 때, 아버지와 아들과 성령의 이름으로 세례를 줄 때, 주님은 "볼지어다. 내가 세상 끝 날까지 너희와 함께할 것이라"라는 위대한 약속을 허락하신다. 나는 주님의 마음을 깨닫고 이 사역에 자신의 모든 것을 거는 성도가 있다는 게 얼마나 감사한지 모른다.

IMF 시절, 선교사들을 돕고자 했던 그 마음은 백만 달러라는 모금의 열매로 맺혔고, 1년 동안 500명의 한인 선교사들을 한 달에 200~500달러씩 돕게 되었다. 그 어려운 시기에 이민 교회가 한국에서 파송받은 선교사들을 도울 수 있었던 것은 그 마음을 하나님이 받으셨기 때문이라고 생각한다. 16년이 지난 지금도 선교지를 다니다 보면 여기저기서 이런 간증을 듣는다.

"그때 참 어려운 시기였는데, 기도와 물질 후원으로 버틸 수 있었습니다!"

이 말을 들을 때마다, 감사기도회의 섬김이 그분들에게 얼마나 귀한 도움이었는지 알게 된다.

아메리칸 드림에서 '하나님 나라'로

그리고 1년 뒤, 장도원 장로를 중심으로 LA에서 의류업에 종사하는 분들이 함께 후원하는 500명의 선교사 중에 더욱 어려운 형편에 놓인 200명을 더 돕기로 하였다. '감사'(Korean American Missionary Support Alliance)를 또 한다는 의미로 '또감사'를 하자고 결정했다.

'또감사기도회'는 함께하는 젊은 기업인들의 선교 열정을 키웠다. '왜 그렇게 선교에 열정을 가질까?' 생각해 보니, 그들에게는 하나의 공통점이 있었다. 장도원·장진숙 부부를 통해 영광스러운 복음을 접한 뒤 주님을 만난 분들이었다. 그들은 주님을 향한 첫사랑의 열정이 남달랐다. 대부분 한국에서 태어나 젊은 시절을 보내다가 아메리칸 드림을 꿈꾸며 미국행 비행기에 몸을 싣고 태평양을 건너온 분들이다. 각자의 이민 이야기는 다르지만, 그들은 이국땅에서, 언어와 문화의 장벽 앞에 갈등하며 고된 삶을 산 사람들이었다. 대부분 몸이 부서져라 막일부터 했고, 어려움을 겪으며 살았다. 대부분의 이민자가 그렇듯, 그들의 가장 큰 꿈은 아메리칸 드림을 이루는 것이었다. 그런데 복음을 접하고 이들의 꿈이 변했다. 아메리칸 드림에서 하나님 나라로 꿈이 변한 것이다. 아니 그 꿈을 위해 그들이 미국에 왔고, 예수 그리스도 안에서 새 생명을 경험했다고 고백하게 된 것이다.

그들이 복음을 접하고 구원을 경험한 뒤, 예수님이 좋아서 그 좋은 주님을 전하고 싶어서 '미친' 사람처럼 달려가는 순수한 신앙인의 모습을 지켜보는 것만으로도 내게는 큰 기쁨이었다.

필리핀에 단기 선교를 갔을 때의 일이다. 노방 전도를 나가면, 사람들이 자랑스럽게 자신이 기독교인이라고 말한다. 그런데 교회를 다니고 성경을 읽어 보았느냐는 질문에는 엉뚱한 답이 돌아온다. 그들은 한 번도 교회에 가본 적이 없고, 성경도 읽은 적도 없다는 것이다. 참 놀라운 사실은 그러면서도 자신들이 기독교인이라고 철석같이 믿고 있다는 사실이다. 나는 그들을 보면서 어쩌면 우리도 이런 실수를 범할 수 있다고 생각한다. 이름만 그리스도인이지, 그 안에 생명이 없는 경우도 많다는 것이다. 그래서 우리는 복음을 통해, 주님을 인격적으로 만나야 한다. 그리고 예수님을 만난 사람들은 변화가 찾아온다. 어찌 생명을 경험한 사람이 생명을 모르는 사람과 같을 수 있을까?

진정 복음은

진정 복음은 우리를 울게 한다.

진정 복음은 우리에게 감동을 준다.

진정 복음은 우리로 하여금 감격하게 하고, 움직이게 한다.

진정 복음은 잠자고 있는 자를 깨운다.

진정 복음은 삶의 의미를 명확하게 한다.

복음은 우리가 왜 사는지에 대한 근본적인 물음에 답을 제시하며, 엉뚱한 것에 목숨 걸지 않고 영혼 구원과 생명을 낳는 일에 온 힘을 쏟게 한다. 가만히 머물고 있다면 그것은 복음의 감격을 체험하지 못했거나 빛바랜 신앙일 수도 있다. 생명이 있는 자들은 성장하든지 죽어가든지 둘 중에 하나이지 결코 그 자리에 머물 수는 없다. 그런 의미에서 또감사선교교회 성도들은 아메리칸 드림에서 하나님 나라 확장으로 꿈이 변했다는 사실을 인식하고 꿋꿋하게 나아갔다.

성도들은 선교사들을 물질로 섬기며 기도로 동역했다. 그 열매로 또감사기도회는 선교에 대해 배워가며, 선교에 대한 꿈을 지속적으로 불태울 수 있었다.

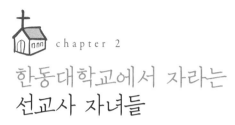

chapter 2

한동대학교에서 자라는
선교사 자녀들

또감사기도회 멤버들은 한국이 외환 위기를 겪을 때 한국인 해외 선교사에게 백만 달러를 보내며 물었다.

"해외 선교사들에게 가장 어려운 일은 무엇입니까?"

그때 선교사들에게 가장 많이 들은 이야기가 선교지에서 자녀들을 교육하는 것이 현실적으로 너무 어렵다는 것이었다. 이 사실을 알게 된 기도회 멤버들은 선교사 자녀(MK: Missionary Kids)를 위해 학교를 설립하자는 비전을 세우고 기도하기 시작했다.

한편 한동대학교는 선교사 자녀를 위한 학교 설립을 사명이라 생각하며 준비 중이었다. 주님은 두 단체가 같은 비전으로 기도하고 있음을 알게 하고 만나게 해 주셨다.

같은 비전으로 기도하다가

또감사기도회 멤버들은 한국에 방문해 그 자리에서 선교사 자녀들을 위한 한동국제학교를 세우는 데 50억 원을 기부하기로 결정했다. 또감사기도회에서 물질과 마음을 쏟아 포항 한동대학교 안에 국내 최초로 선교사 자녀 학교를 세우게 된 것이다.

한국 기독교 역사상 선교사 자녀를 위한 교육에 50억 원을 기부한 사례는 처음 있는 일이었다. 2001년 당시 우리나라 정부 교육비 예산과 사교육비 지출 비용은 약 29조 원이었다. 개신교 성도는 1,000만 명, 교회 약 3만 개, 한국인 선교사 약 1만 5천 명이던 상황이었다. 이때 처음으로 선교사 자녀의 교육 기관인 한동국제학교가 설립된 것은 의미 있는 사건이었다. 또감사기도회 회원들이 진심으로 해외 선교사를 사랑하며 그들과 함께 짐을 지려는 간절한 마음을 가지고 있었기에 가능한 일이었다. 이 학교는 감사기도회 회원들에게 주님이 주신 선물이자 기도 응답으로 영원히 남게 될 거라 믿는다.

그 모습을 지켜본 한동국제학교의 권효성 교감은 감사기도회를 보면서 이렇게 말했다.

"또 감사기도회 회원들이 큰 규모의 사업을 하는 것도 아니요, 고작 부부가 직원 10명 정도 두고 하는 생활형 사업을 하면서 '우리의 사업 목적은 선교 활동을 돕기 위함입니다'라는 비전을 가지고 섬기는 모습을 보고 많이 놀랐습니다. 한동국제학교의 한 학생(MK)이 내야 할 1년 학비는 천만 원(만 달러)입니다. 이 큰 금액의 돈을 감사기도회가 모두 지불했다니 참으로 대단합니다."

하나님의 일을 하면서 나는 이런 일을 많이 경험한다. 마음을 심고, 믿음으로 나아갈 때, 하나님은 그분의 마음을 보여 주신다. 하나님께서 기뻐하는 일을 우리가 감당하도록 선한 길로 인도하신다. 그렇기 때문에 우리는 하나님을 신뢰하고, 하나님의 일에 마음을 심고, 그분의 인도하심만 따르면 된다.

더 허리띠를 졸라매고 일해야겠습니다

한국에서 돌아온 기도회 멤버들의 이야기를 들은 여 집사의 말이 아직도 생생하다. 그때 옥성은 집사는 "이제부터 더 허리띠를 졸라매고 일해야겠습니다"라고 말했다. 마치 전쟁터에 나가는 여전사의 목소리처럼 들렸다. 그것은 사명을 바짝 받드는 비장한 각오였다. 그리고 그 고백은 주님을 사랑하는 마음이기도 했다. 이민자의 삶을 살면서 덜 쓰

선교사 자녀 교육 기관인 한동국제학교는 또감사기도회 회원들에게 주신
하나님의 선물이요 응답이다.

고, 더 아끼고, 더 수고하고, 더 많은 땀을 흘리겠다고 결단하는 고백이
었다.

그 분뿐만 아니다. 또감사선교교회 성도들의 공통된 특징 중 하나는
자신에게 치장하지 않고 그 몫을 주님의 일에 투자하며 기쁨을 누리고
사는 분들이라는 것이다. 이분들은 자신을 위해 돈을 쓰지 않는다. 돈
이 남아서 선교비를 내는 것이 아니라 자신의 땀과 눈물, 생명을 드리
면서 선교에 동참하는 사람들이다. 예수가 좋아서, 복음의 확장을 위
해 자신을 드린 주님께 미친 사람들이다.

앞으로 한동국제학교를 통해 전해질 간증들은 훗날 하늘나라에서
열어 볼 보물 상자가 될 것이다. 부모 잘못 만나 고생하는 인생인 줄 알

았던 선교사 자녀들이 학교 생활을 하며 하나님의 특별한 부르심이 있다는 걸 알게 되고, 그들에게 주어진 특별한 경험들은 오늘도 주님의 나라에 아름다운 도구로 사용되고 있다.

지금 생각하면 하나님의 일은 참으로 신기하다. 고난이 찾아올 때 우리는 왜 이런 일이 내게 일어나는지 고민하며 괴로워한다. 하지만 그 어려움이 우리를 움직이게 하기에, 시간이 지나면 고난이 우리의 삶에 꼭 필요했음을 깨닫게 된다. IMF는 좋지 않은 일이었지만, 하나님은 그 어려움도 선하게 인도하셨다.

chapter 3

미친 교회가
시작되다

평신도 지도자들의 열정으로 시작되다

또감사기도회는 시간이 흐르면서 교회의 모습을 갖추기 시작했다. 성도들은 모이면 예배하고 가진 돈을 모아서 선교에 모두 쏟아 부었다. 2004년 5월, 그 열정이 모여 또감사선교교회라는 이름으로 교회가 시작되었다. 또감사선교교회가 일반 교회와 다른 것은 평신도 지도자들이 예수님을 향한 사랑과 선교의 열정으로 만들어 낸 공동체라는 것이다. 내가 담임 목사라는 직책은 갖고 있지만, 나 역시 공동체에 속한 구성원 중 하나다. 지난 10년 동안 그들과 함께 복음을 들고 선교에 불을 지피며 성장할 수 있었다는 사실이 얼마나 감사한지 모른다. 또감사선교교회라는 이름으로 교회는 시작되었지만 처음에는 목회자가 없어 풀러신학교의 교수인 박기호 목사가 3개월 동안 말씀을 전해 주셨다.

돌이켜 보면 감사한 일이 많은데 그중에 가장 큰 것은, 교회가 시작되고 두 번째 주부터 최찬영 선교사가(해방 이후 최초 선교사) 예배에 참석해 준 것이다. 최찬영 선교사 부부의 참석은 평신도 지도자들에게 많은 격려와 위안이 되었다. 나는 예배가 시작된 후 3개월이 지날 무렵에 청빙을 받아 함께 예배를 드리다가 6개월 후 2004년 5월에 창립 예배를 드리게 되었다.

대부분의 교회는 담임 목사의 리더십을 통해 성도들이 동기를 부여받아 교회가 든든하게 세워진다고 생각한다. 물론 그런 리더십이 얼마나 귀한지 모른다. 그런데 또감사선교교회는 또 다른 리더십의 형태를 보인다. 나의 리더십이 부족해서일 수도 있겠지만 또감사선교교회는 평신도 지도자들에게 뜨거운 열정이 있다. 그래서 그분들이 발휘하는 리더십에 감동할 때가 많다. 그 중심에는 장도원 장로, 장진숙 집사, 구정훈 장로, 문현덕 장로, 박종윤 장로, 옥우원 장로, 옥창호 장로, 주영덕 장로, 지현석 장로까지 적지 않은 분들이 있다.

또감사선교교회가 창립 예배를 드리던 날, 교회는 아주 특이한 결정을 내렸다. 교회 예산의 70%를 선교에 쓰기로 한 것이다. 처음 두 해만 선교에 사용된 예산이 전체 예산의 75% 정도에 머물렀고, 지난 8년간은 80%를 내려간 적이 없다. 전체 예산 중 90%에 가까운 돈을 선교비로 쓸 수 있었던 것은 우리 교회가 선교에 대한 남다른 열정이 있었기

또감사선교교회는 2004년 5월에 창립 예배를 드렸다(창립 예배 후 기념 사진).

때문이다.

선교는 의도적이어야 한다. 의도적이라는 말을 다른 말로 표현하면, 계획적이라고 말할 수 있다. 선교는 선택이 아니라 반드시 해야만 하는 일이다. 해도 되고 안 해도 되는 것이 아니라, 꼭 해야 될 일이다. 그렇기 때문에 선교는 의도적으로 해야 한다. 최선의 삶에 가장 큰 적은 좋은 것이라는 말이 있듯이, 어쩌면 교회의 좋은 사역들이 가장 중요한 것을 놓치게 하고 있는지도 모른다.

간혹 사람들은 또감사선교교회가 선교에 사용하는 금액을 듣고 놀라서 이렇게 말한다.

"또감사선교교회에는 부자 성도가 많아서 그렇겠지!"

하지만 그것은 잘못된 생각이다. 물질이 많으면 쓸 곳은 더 많아진다. 선교 예산의 원칙을 세우고, 의도적으로 선교를 감당했기에 그 원칙이 지켜졌다. 하나님은 선교를 향한 성도들의 마음에 풍성함을 부어 주시는 것 같다.

놀라운 사실은 교회의 재정이 매해 늘어났고, 선교에 관한 일을 더욱 활발하게 감당했다는 것이다. 내 기억을 더듬어 보면 그해 1년 예산은 250만 달러였는데, 교회는 예산의 70%가 넘는 금액을 선교비로 사용했다. 그런데 해를 거듭하면서, 1년 예산은 7백만 달러, 8백만 달러로 늘어났다. 굳이 선교비 금액을 구체적으로 언급한 이유는, 그 당시 미국이 경제적으로 어려움을 겪고 있는 실정이었기 때문이다. 미국 교회도 경제적인 어려움을 겪어 평소에는 자리를 잡기 힘든 수련회 장소가 텅텅 비고, 교사 콘퍼런스에 참석하는 이들이 평소 3분의 1로 줄어들 정도였다. 그런데 또감사선교교회는 재정적인 문제가 하나도 없었다. 교회에 부자가 많은 것도 아닌데 도대체 어떻게 된 일인지 궁금할 수 있지만 교회가 선교하는 일에 목숨 걸고 나아가면 결코 돈 때문에 선교를 못하는 일은 없다는 걸 배웠다. 또감사선교교회는 늘 재정적으로 풍부했다. 선교하는 교회에는 "내가 너희와 늘 함께하리라" 하는 하나님의 약속의 말씀이 이루어진다고 생각한다.

약속을 지키시는 주님과 함께

성경은 수없이 많은 약속으로 이루어져 있다. 지상 명령의 약속은 주님의 임재에 대한 약속이다. 세상 끝날까지 우리와 함께하신다는 주님의 약속보다 더 귀한 것은 없다. 우리가 세상에서 어려움을 겪고 슬픈 순간을 맞이할 때도, 주님이 함께하신다면 우리는 그 어떠한 환난이나 슬픔도 뚫고 갈 수 있다. 주님의 임재는 그토록 위대하다. 그러나 그 약속에는 조건이 따르는데, 그것은 바로 "그러므로 너희는 가서!"라는 것이다. 선교적 삶을 살아가야 한다. 그래서 또감사선교교회가 선교에 가장 큰 가치를 두고 나아가는 것이다.

Church: Why bother?(교회, 나의 고민 나의 사랑)라는 필립 얀시의 책이 있다. 제목만 보더라도 저자가 무슨 말을 할지 느낌이 온다. 이 책은 교회가 어디에 가치를 두고 나아가는 것이 중요한가를 말해 준다.

또감사선교교회가 시작될 때 4백만 달러라는 큰 금액이 건물 구입비로 준비돼 있었다. 그런데 성도들은 그 돈을 건물 구입에 쓰지 않고 선교비에 사용하기로 결정했다. 그것은 정말 선교에 올인한 사람들의 모습이었다. 성도들이 교회의 가치를 선교에 두었기 때문에 가능한 일이었다. 그래서 또감사선교교회는 창고 교회로 알려졌다. 어떨 땐 성도들이 선교지에 있는 교회 건물을 보면서 "어떻게 우리 교회는 선교지에 있는 교회보다 건물이 더 낡은 거지?"라고 말할 때가 종종 있다. 물론 그 사실에 자부심을 느끼는 성도들이 많다.

한번은 새벽 예배 때 기도를 드리다가 문득 천장을 보았는데 별이 반짝이고 있었다.

"어떻게 별이 보이지? 내가 헛것을 보았나?"

그런데 자세히 보니, 정말 별이었다. 교회 지붕에 얹은 나무가 바람에 날아간 것이다. LA는 비가 많이 오지 않는다. 겨울이 우기인데 우기 때면 어김없이 교회에 진풍경이 벌어진다. 본당은 물론 교회 여기저기에 비가 새는 바람에 빗물을 받으려고 그릇을 가져다 놓는 것이다. 그런데 우기가 되면 비가 새고, 지붕이 날아가 별이 보여도 성도들은 교회를 부끄러워하지 않는다. 겨울에는 난방이 잘 되지 않아 한 성도가 기증한 가스 난로를 세워 놓거나 담요를 나누어 덮으며 예배를 드린다. 추위를 이겨 내며 새벽 예배를 드리면서 선교하는 교회라는 사실에 자부심을 갖고 있다.

돌이켜 보면 이 모든 것은 주님을 사랑하고, 주님의 지상 명령에 무게를 두고 살아가는 평신도 지도자들의 열정이라고 확신한다. 아직도 교회는 건물이 없다. 건물을 소유하고자 했다면 LA에 있는 그 어떠한 교회보다 근사하게 지을 수도 있었을 것이다. 하지만 성도들이 건물 대신 예수님께 집중하고, 예수님의 지상 명령에 미쳐서, 영혼 구원에 온 마음을 쏟는다.

나는 로마에서 이 글을 쓰고 있는데, 이곳에는 교회 건물이 천 개가 있다고 한다. 교회에 들어가면 입을 다물 수 없을 정도로 천장이 높고 웅장하다. 그런 건물을 보면서 나는 이런 생각이 들었다.

비가 새고 별이 보이는 예배당이 부끄럽지 않은 또감사선교교회 성도들.

이 건물들 중에 하나님의 영광을 위해 최고로 아름답게 지은 것도 있겠지만, 더 많은 교회는 그 당시 권력을 가지고 있던 사람들이 자신을 과시하고자, 자신의 권력을 굳건히 하고자 많은 물질과 사람을 동원해서 건물을 세운 건 아닐까?

교회 건물도 없이 시작된 또감사선교교회의 모습을 가까이에서 지켜 본 이찬우 선교사는 지난 10년간 선교에 미친 또감사선교교회를 향해 아름다운 편지를 보내 주었다.

잃어버린
한 마리 양을 위해

_ 이찬우 선교사

저는 2001년 9월 어느 날, 또감사기도회 장도원 장로 부부를 만 났습니다. 평범해 보이는 이 부부는 그저 하나님의 말씀을 배우고 싶어 하고, 그리스도 안에서 함께 자라는 다른 성도들을 위해 심봉사가 심청에게 동냥젖을 먹이듯이 하나님의 말씀을 먹이고 싶어 하는 분들이었습니다.

이분들은 매주 토요일 약 4~50명을 자기 집에 불러 성경 공부를 하였습니다. 몇몇 분들을 빼고는 그 자리에 모인 대부분의 사람이 그저 열정 가득한 '생고구마' 같은 사람들이었습니다. 놀랍게도 지금은 그때 함께 공부했던 분들이 거의 장로와 안수 집사가 되었습니다.

또감사선교교회. 하나님과 아름다운 친밀함을 가진 교회요. 세계 선교에 대해 미친 듯한 열정을 가진 교회입니다. 저는 또감사선교교회 성도들과 친밀한 교제를 나눌 수 있는 놀라운 특권을 가졌기에 제가 만난 이들을 소개하고 싶습니다.

하나, 계산하지 않는 마음으로 선교에 헌신

〈누가복음〉 15장에는 세 가지 비유가 나옵니다. 모두 잃어버린 것을 찾

세계 곳곳에서 구슬땀을 흘리며 선교 꿈나무로 자라는 또감사선교교회 아이들

는 자의 비유입니다. 잃어버린 것을 찾는데 상상할 수 없는 대가를 지불합니다. 한 마리 양을 위해서 99마리 양을 들에 두고 가는 목자, 동전 한 닢을 찾기 위해서 온 집안을 뒤지다가 찾아서는 친구들을 불러 잔치를 벌이는 여인, 그리고 허랑방탕하게 재산을 탕진하고 떠난 둘째 아들이 돌아온 것이 기뻐 좋은 옷을 입히고 송아지를 잡아 동네잔치를 벌이는 아버지. 이 모든 것이 결국 잃어버린 한 영혼을 찾기 위해 예수님을 이 땅에 보내신 하나님 아버지의 마음입니다. 지금까지 또감사선교교회의 많은 성도는 열방을 향한 아버지의 마음을 알고 그 마음을 시원하게 해 드리기 위해서 '계산하지 않는 마음'으로 선교에 헌신해 오셨습니다.

둘, 선교에 구슬땀을 흘리는 아이들
또감사선교교회의 아이들은 여름에 'Teen Mission'을 떠납니다. 한 달씩 집을 떠나 세계 여러 나라에서 구슬땀을 흘리며 열방을 향한 하나님의 마음을 품습니다. 곱게 자란 아이들이 오지에서 모기와의 전쟁도 아랑곳하지 않고 자기들에게 맡겨진 훈련을 아주 잘 감당하고 옵니다. 이 아이들 중에 아직 장기 선교사로 헌신한 사람은 나오지 않았지만 저는 믿습니다. 이 아이들이 자라 귀한 하나님 나라의 추수꾼들이 되어 온 열방으로 흩어질 것을 말입니다.

셋, 총체적 삶으로 헌신된 사람들

또감사선교교회 성도들은 아주 열심히 일하는 분들입니다. 많은 성도가 이 교회의 리더로 헌신하는 장도원 장로 부부의 삶에서 큰 감명을 받아 예수님을 알게 된 사람들입니다. 일터(market place)에서 복음을 전한다는 것은 참으로 어려운 일입니다. 얼마나 많은 성도가 신앙 따로 삶 따로 삽니까? 그러나 또감사선교교회 성도들은 신앙과 삶이 조화를 이루는 귀한 분들입니다. 삶의 현장에서 예수 그리스도를 만나 처음 신앙생활을 하는 분들이기에 완전하지 못할 때도 있습니다. 그러나 자신들을 숨기지 않고, 있는 모습 그대로 주님께 헌신하는 열정을 가지고 사는 분들입니다. 기대가 됩니다. 온 열방 가운데 하나님 나라의 복음이 선포되고 모든 민족과 방언과 족속이 주님 앞에 서게 되는 그날, 또감사선교교회 성도들은 구원자이신 하나님을 찬양하며 경배하게 될 것입니다.

그날을 미리 바라보며 찬양과 감사와 영광을 올려 드립니다.

chapter 4

우리는
선교적 교회다

새들백교회의 담임 목사인 릭 워렌(Rich Warren) 목사가 이런 농담을
했다.

"혹시 당신이 완벽한 교회를 찾거든 절대 그 교회에 가지 마십시오. 당신
이 그 교회에 가는 순간 더 이상 완벽한 교회가 될 수 없습니다."

우리 자신이 온전하지 않기 때문에 이 땅에는 온전한 교회란 존재할
수 없다는 말이다. 하지만 우리는 성경적인 교회, 하나님께서 기뻐하
는 교회, 예수님께서 의도하는 교회를 꿈꿀 수 있다. 그리고 그 마음은
모든 믿는 사람의 소망일 것이다.

또감사선교교회 역시 선교에 가치를 두고, 선교적 교회를 감당하기 위해 나아가는 교회다. 요즘 선교적 교회라는 말을 많이 쓰는데 정작 선교적 교회란 무엇일까 고민하게 된다.

어떤 엄마는 늘 햄을 요리할 때 머리와 꼬리를 잘랐다. 하루는 딸이 그 이유가 궁금해서 물었다.

"엄마! 왜 햄 요리를 할 때, 항상 머리와 꼬리를 자르세요?"

"글쎄! 그건 나도 잘 모르겠는데…. 할머니가 햄 요리를 할 때 늘 그렇게 하셨거든!"

더 궁금해진 딸은 할머니에게 전화를 걸었다.

"할머니! 엄마는 햄 요리를 할 때 늘 머리와 꼬리를 자르는데, 할머니가 그렇게 하시는 걸 보고 배운 거래요. 왜 그렇게 하는 거예요?"

"얘야, 엄마를 키울 당시 우리 집에는 큰 프라이팬이 없었단다. 그래서 햄을 잘라 요리했지. 다른 이유가 있었던 게 아니란다!"

그 엄마는 큰 사이즈의 프라이팬이 있음에도 불구하고 햄 요리를 할 때 면 늘 습관을 따라 머리와 꼬리를 잘라서 요리를 했던 것이다.

어쩌면 우리가 중요하게 여기는 전통이 이와 같을 수 있다는 생각이 든다. 교회가 행하는 모든 것이 "왜?"라는 질문 없이 "늘 그렇게 해 왔기 때문에"라고 생각하기 쉽다.

성공한 교회, 성공한 목회가 되려면 더 큰 건물, 더 많은 성도, 더 많

성도는 세상으로 나가기 위해 예배하며 훈련받는 것이다(우크라이나 선교 중)

은 재정, 더 많은 사역자, 더 많은 프로그램이 필요하다고 생각하는 경향이 있다. 그러나 모든 교회가 그 길로 달려가기 때문에 우리도 가야 한다고 여긴다면 그것은 잘못된 생각이다. 그렇게 길들여진 것뿐이다. 진정한 개혁은 성경으로 돌아가는 것이다. 성경은 교회인 우리에게 오늘도 명확하게 도전하고 있다.

"세상으로 나아가라!"

새들백교회의 릭 워렌 목사는 교회의 크기는 성도들을 수용하는 좌석수로 정하는 게 아니라, 세상에 얼마를 내보낼 수 있는가로 알 수 있다고 말한다. 참으로 마음에 와 닿는 표현이다. 선교적 교회란 성도를 교회로 모이게 하는 것보다 세상으로 나아가도록 하는 것을 말한다. 즉 성도는 세상으로 나가기 위해 예배하며 훈련받는 것이다.

선교적 교회의 반대말은 무엇일까? 오래 생각해 보았는데 "제도적 교회"라는 표현이 가장 적합하다는 생각이 든다. 4세기 때 콘스탄티누스를 통해 교회가 로마의 국교가 된 후부터 역사적으로 교회는 늘 제도상의 교회를 정의해 왔다. 이 말은 기독교인들이 교회를 생각할 때, 세상에 속해 있는 사람들이 교회로부터 초대받아 복음을 접하고, 그 축복들을 경험한다고 여긴 것이다. 이것은 제도상의 교회를 말한다. 그런데 선교적 교회란 어떤 의미에서 정반대다. 믿음의 사람들이 복음을 가지고 세계를 향해, 모든 민족과 문화로, 가정으로, 학교로, 직장으로, 개인으로 나아가는 것을 말한다. 지금 우리는 어디로 나아가고 있는가?

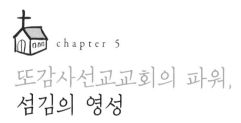

chapter 5

또감사선교교회의 파워,
섬김의 영성

또감사선교교회가 선교 훈련할 때, "랍비의 선물"이라는 글을 여러 번 강조하며 읽은 적이 있다. 누가 이 글을 쓴 것인지 정확히 모르지만 많은 사람에게 알려진 스캇 펙의 *The Different Drum*이라는 책에 소개된 이야기다. 이 이야기는 또감사선교교회의 섬김의 영성과 밀접하게 연결되기 때문에 꼭 소개하고 싶다.

랍비의 선물

한 수도원에서 생긴 일이다. 17~18세기에 수도원 운동을 반대하는 물결과 함께 세속화가 무르익어 수도원은 여러 모습으로 핍박을 받게 되었다. 힘을 잃어가는 한 수도원에 5명의 수도사들이 남아 있었다. 수도원장과 4명의 수도사들은 70살이 넘은 분들이었다. 수도사들의 나이로 보아서는 이제 곧 문을 닫아야 할 처지에 놓인 수도원이었다.

이 수도원 근처에 작은 기도 처소가 있었는데, 그곳으로 1년에 몇 번씩 찾아와 기도하는 랍비가 있었다. 랍비의 기도 소리가 들리면 수도사들은 그가 온 것을 알았다.

한 번은 수도사들이 모여 회의했다.

"우리가 랍비를 찾아가서, 우리의 상황을 말하고 어떻게 하면 수도원을 살릴 수 있을지 지혜를 구해 봅시다."

회의 끝에 노 수도사 한 명을 기도 처소로 보냈다. 랍비는 수도사를 반갑게 맞이해 주었다. 그리고 앉아서 함께 이야기했다.

"무슨 말인지 압니다. 영적인 것에 관심이 없는 사람들이 많아져 저희 유대교 회당을 찾는 사람들도 많이 줄어들어서 어려움을 겪고 있습니다."

랍비는 그렇게 말하고 수도사와 함께 울었다. 그러고 나서 성경을 읽으며 말씀으로 교제를 나눈다. 돌아갈 시간이 되자 이들은 포옹하면서 "너무 좋은 시간이었습니다! 다음에 또 만나서 교제하면 좋겠네요!"라고 말했다. 헤어질 때, 노 수도사는 문득 생각이 떠올라서 랍비에게 질문했다.

"사실 내가 랍비 선생님을 찾아온 목적이 있었는데 오늘은 달성하지 못한 것 같습니다. 혹시 제게 해 줄 말이 없습니까?"

그 질문에 랍비가 이렇게 답했다.

"미안합니다. 특별히 해 줄 말이 없네요. 그런데 한 가지 말씀 드릴 수 있는 것은 여러분 가운데 메시아가 계십니다."

노 수도사가 수도원에 돌아왔을 때, 나머지 수도사들이 질문했다.

"그래, 랍비가 뭐라고 충고를 하던가요?"

"별 도움이 안됐습니다. 그런데 한 가지 이상한 말을 하던데, 이해가 되지 않아서…. 우리 가운데 메시아가 있다고 하던데요!"

그 말을 들은 수도사들은 랍비가 한 말의 영적인 의미가 무엇인지 생각하기 시작했다. 몇 주가 지나고, 몇 달이 지나도 여전히 수도사들은 생각했다.

"우리 가운데 진짜 메시아가 있다면 과연 누구란 말인가?"

"수도원장님? 그래, 만일 메시아가 한 분 계시다면 그것은 수도원장님일 거야! 그 분 집안은 몇 세대에 걸쳐 수도원장으로 섬기지 않았나? 그런데 또 생각해 보니까 토마스 형제일 수도 있지 않을까? 토마스 형제는 신실하고 거룩한 사람이라는 걸 모두 알고 있어! 엘레드 형제는 아닐 거야! 그는 고집이 너무 세잖아? 하지만 그는 사람들에게 때때로 가시 같은 존재지만, 그가 한 말은 대부분 옳았어! 어쩌면 필립이 메시아일지 몰라! 그는 있는 듯 없는 듯해도 도움이 필요한 곳에는 항상 나타나서 힘이 되어 주었잖아! 랍비가 혹시 나를 메시아라고 생각하지는 않겠지? 나는 평범한 사람인데 말야! 혹 내가 메시아라면? 하나님!

말도 안 됩니다!"

이러한 생각을 하면서 생활하는 동안 수도사들은 서로를 존중히 여기기 시작했고, 그 중에 한 사람이 메시아일지도 모르기 때문에 모든 사람을 열심히 섬겼다. 그 수도원은 나무가 무성하고 아름다운 곳에 자리 잡고 있어 인근으로 소풍 오는 사람들이 많았다. 그리고 수도원에 잠깐 들렀다가 그곳에서 제공하는 섬김에 매료되어 젊은 사람들이 한 사람 한 사람씩 수도원에 들어오게 되었고 어느 순간 수도원은 옛 모습을 되찾았다.

섬김의 영성을 실천하는 공동체

또감사선교교회가 말하는 섬김의 영성은 이 이야기처럼 우리가 섬기는 대상이 예수님이라는 생각으로 나아가기를 원한다. 또감사선교교회는 "섬김의 영성"을 실천하는 공동체다. 섬김이 성공보다 귀하다는 것을 아는 공동체다. 그래서 부족함이 많지만 섬김에 가치를 두고 달려가는 선교적 공동체라고 고백하고 싶다.

나는 〈사도행전〉 13장 36절 말씀을 좋아한다.

다윗은 당시에 하나님의 뜻을 따라 섬기다가 잠들어 그 조상들과 함께 묻혀 썩음을 당하였으되

하나님을 섬기고, 그의 형상으로 창조함을 받은 하나님의 백성을 섬기는 일은 너무나 고귀하다
(스리랑카 아이들과 처음 만나던 날)

다윗이 "하나님의 뜻을 따라 섬겼다"라는 표현이 너무 좋다. 그 표현을 NIV 성경에서 찾아보면 "David had served God's purpose in his own generation"이라고 되어 있다. 즉 "다윗은 하나님의 목적 안에서 그가 살던 세대를 섬겼다"라고 이해할 수 있다. 하나님께서 우리 각 사람에게 우리 세대를 섬기라고 주신 목적이 있다는 말도 될 수 있다. 하나님의 뜻을 지상 명령으로 이해한다면, 우리가 살고 있는 이 세대에서 지상 명령을 이루는 것이야말로 우리에게 맡기신 섬김을 실천하는 것이다. 하나님을 섬기고, 그의 형상으로 창조함을 받은 하나님

의 백성을 섬기는 일! 이 일은 너무나 고귀하다.

예수님은 하나님임에도 불구하고, 우리에게 오셔서 죽기까지 섬겨 주셨다. 그 섬김에 감동받은 하나님의 자녀들이 그 정신을 이어받아 열방으로 나아간다. 섬김의 종으로 우리를 부르신 하나님의 목적을 이루고자 달려간다. 섬긴다는 것은 존중히 여기는 것이다. 선교지에서 아무리 작은 자를 만날지라도 그를 존중히 여기는 섬김의 영성이 없이는 아름다운 열매를 맺지 못한다. 그렇기 때문에 교만이 가장 큰 적이고, 선교를 감당하는 사람들로서 자신보다 상대를 더욱 귀하게 여길 수 있는 영성이 있어야 한다고 생각한다. 우리가 섬길 때, 우리는 모르는 사이에 수많은 예수님을 섬기는 것이기 때문이다.

성공이 아니라 섬김

또감사선교교회의 성도들은 한 사람의 이야기를 마음에 담고 있다. 어떤 이는 자신의 전화기에 그의 책 커버를 화면으로 해서 다니기도 한다. 그의 한국 이름은 서서평(Elizabeth Shepping)이다. 그는 독일계 미국인 선교사로서, 1912년 33살의 나이에 간호 선교사로 조선 땅에 들어가 평생 환자들을 돌보며 복음을 전하다가 영양실조로 주님의 품에 가신 분이다. 1930년대 광주와 전남 지역의 인구는 약 220만 명이었다. 그런데 굶주리는 사람이 무려 88만 명이나 될 정도로 가난과 질병

스리랑카 현지인 목회자 콘퍼런스

으로 고통을 겪는 사람들이 많은 지역이었다. 서서평 선교사가 이 지역을 섬기며 사역한 일을 다룬 책을 읽고, 우리 성도들은 큰 도전을 받았다. 그가 주님의 품으로 갔을 때, 그의 소유는 담요 반 장, 간단한 음식, 그리고 동전 몇 개뿐이었다. 그가 55세에 영양실조로 주님의 품에 갔을 때 침상에 써 있던 글귀는 "성공이 아니라 섬김"(Not Success, But Service)이었다.

몇 해 전, 장로들과 함께 스리랑카의 현지인 목사들을 섬길 기회가 있었다. 박종윤 장로는 새벽 기도의 중요성에 대해, 옥우원 장로는 〈빌립보서〉 강해를 준비했다. 그리고 손종원 목사(서울광야교회 담임, 한국 작은교회 목회자 회복운동 I Love Pastors 대표)는 작은 교회를 27년간 목회하면서 경험한 에피소드와 부르심에 대해 나누었고 나는 선교적 목회에 대해 강의했다. 그리고 저녁 집회 때마다, 현지 목사들을 세워서 집회했다. 큰 교회, 중형 교회, 작은 교회를 섬기는 목사들이 우리교회 파송 선교사인 최재영 선교사와 함께 목회자 콘퍼런스를 열었던것이다. 마지막 날 목사들이 나와서 목회자 콘퍼런스를 하는 동안 은혜받은 것을 나누는 시간이 있었다. 그런데 간증 대부분이 "미국에 있는 한국인 교회에서 이곳까지 와 우리를 섬겨 준 것이 정말 감사합니다!"였다. 섬김이라는 단어를 사용하는 목사들의 간증을 들으면서, 하나님께 정말 감사했다.

섬김은 사람을 변화시킨다

세상의 가치관은 높은 사람이 많은 이를 부리는 것일지 모르지만, 하나님 나라의 가치관은 다르다. 섬김이 중요하고, 섬김의 영성으로 선교를 감당해야 한다. 왜냐하면 결국 사람을 변화시키는 것은 섬김이기 때문이다. 우리의 삶을 변화시킨 다섯 편의 설교를 말하라고 하면, 대부분 사람들은 기억하지 못한다. 그런데 우리를 변화시킨 사람들의 이름을 물으면 쉽게 다섯 사람을 말할 수 있다. 그리고 그 사람들은 대부분 우리의 삶을 섬겼던 사람들이다. 그렇기 때문에 우리는 섬김의 영성으로 선교를 감당해야 한다.

일본에 파송되어 캠퍼스 사역에 전 삶을 드린 여자 싱글 선교사 열 분을 초청한 적이 있다. 공항에서부터 리무진으로 모셔 산타모니카 해변 앞에 있는 최고급 호텔에서 첫 날을 지내게 했다. 우리는 열 분의 선교사를 최고의 식당에서 대접하였고, 장도원 장로 집에 머물며 안식하고 격려하는 시간을 보내게 해 드렸다. 일본이라는 황폐한 땅에서 영적인 전투를 치르는 선교사들에게 너무 귀한 격려와 회복의 시간이었다. 이 일에 많은 성도가 헌신해 주었고, 주님을 모시듯 열 분의 싱글 선교사를 섬겨 주었다. 일본으로 떠나기 마지막 날 밤 예배를 드린 후 간증하는 시간이 있었다.

그들은 10년, 20년 동안 사역하면서 축적된 스트레스와 중압감이 단번에 사라지는 것을 경험했다고 하면서 눈물을 흘렸다. 섬김은 참으로 위대하다는 것을 다시 한 번 느낄 수 있었다.

필립 얀시가 기자로 일할 때 당시에 영향력 있었던 800명의 사람들을 대상으로 인터뷰를 했다고 한다. 인터뷰를 마친 뒤, 필립 얀시는 800명의 인터뷰이를 두 부류로 나눌 수 있다고 말했다. 한 부류 사람은 스타(Star) 의식을 가지고 살아가는 사람이고, 또 다른 부류의 사람은 섬김(Servant) 의식을 가지고 살아가는 사람이다. 그리고 필립 얀시는 이렇게 결론 내렸다.

스타는 일시적으로 빛날 수 있지만 영구적이지 못하고, 섬김은 영구적인 영향력을 준다

영구적인 영향력을 끼칠 수 있는 "섬김의 영성"을 선택한 하나님의 사람들, 또감사선교교회 성도들이 정말 고맙다.

하나님은 불의하지 아니하사 너희 행위와 그의 이름을 위하여 나타낸 사랑으로 이미 성도를 섬긴 것과 이제도 섬기고 있는 것을 잊어버리지 아니하시느니라(히 6:10)

선교는 사랑 없이 불가능하다.
선교지에 마음을 심으며 아버지의 마음을 알아가는
또감사선교교회 성도는 튼실한 밀알들이다.

Part 2

밀알

TTOKAMSA
MISSION CHURCH

chapter 1

선교는 사랑 없이
불가능하다

또감사선교교회에는 주님을 사랑하기에, 주님의 형상으로 창조함 받은 이들을 사랑하고 성장하도록 이끄는 성도들이 있다. "사랑이 이긴다"라는 전설을 만들며 전 세계에 사랑의 파장을 일으키는 이들, 바로 또감사선교교회의 여 집사들이다.

온몸으로 이웃을 섬기는 전사들

우리는 장진숙 집사를 비롯해 대부분 여 집사들이 모여 섬기는 이 프로그램을 '스파크'라고 부른다. 이웃들을 섬기며 전도하기 위해 만든

현지를 찾아가 섬기며 사랑의 능력을 알리는 스파크
(중국에 계신 한인 선교사 300분을 섬기다)

스파크는 하나님의 은혜와 사랑을 몸으로 체험하고, 말씀과 간증을 통해 복음을 전하는 프로그램이다. 스파크로 섬기는 여 집사들은 프로그램에 참석한 사람들로 하여금 조용한 가운데 자신을 돌아보며, 복음에 대해 확신을 갖고 주님의 사랑 앞에 반응하도록 최선을 다한다. 처음에는 전도하려고 이 프로그램을 시작했지만 시간이 흐르자 이들의 열정은 선교지로 향하게 됐고, 매해 섬길 때마다 참여한 이들에게 강한 도전을 주는 선교 프로그램이 되었다.

스파크의 첫 사역은 2005년 중국에서 300명의 중국 선교사들을 섬기는 것이었다. 당시 주 강사는 100주년기념교회 이재철 목사와 미국 풀러신학교 박기호 교수가 맡아 주었다. 선교사들을 섬기기 위해

30~40대 또감사선교교회의 젊은 여 집사들은 팀을 이루어 3박 4일을 함께했다. 여 집사들은 노트와 선물을 준비하고 식사를 마련해 선교사들을 대접했다.

30명의 선교팀이 300명의 음식을 준비하는 것은 결코 쉬운 일이 아니었다. 당시 나도 그들과 함께 고추 다듬는 일을 했는데, 장갑을 껴야 하는 줄도 모르고 맨손으로 했다가 밤새도록 손이 욱신거렸던 기억이 아직도 생생하다. 마지막 날에는 폐회 예배 때 말씀을 전해야 하는데, 호텔에 앓아누워서 박기호 목사에게 대신 말씀을 전해 달라고 부탁했던 기억이 난다. 남자인 나도 몸살이 날 정도로 힘들었던 일을 여 집사들이 몇 배의 열정으로 감당했던 것이다. 한 성도는 우리가 집회

스파크의 섬김은 또 다른 섬김으로 이어질 것이다
(스파크에 참가한 외국인 근로자들)

하는 동안 할 일이 너무 많아 3박 4일 동안 호텔 방에서 단 한 번도 밖에 나오지 못할 정도였다.

자신의 몸이 부서지듯 섬긴 마음이 오롯이 전달되었는지 사역이 끝나고 간증할 때면 많은 선교사가 이런 사랑의 대접은 평생 처음이라는 고백이 이어졌다. 한 분은 미국에서 식사 준비를 하러 온다기에 나이 많은 분들인 줄 알았는데 젊은 여 집사들이 바쁜 시간을 쪼개어 와주었다면서 감사하다고 말했다. 사실 스파크에 참여한 젊은 여 집사들 대부분은 사업을 하는 사람들로 촉각을 다투며 일하는 이들이 많았다.

한번은 집회가 끝나고 떠나는 버스에 오르려는데 한 젊은 선교사가 내 손에 편지를 주면서 울먹였다. "너무 큰 사랑에 감사했어요!"라고 적힌 편지를 보며 그들이 우리의 섬김을 통해 주님의 사랑을 느꼈다는 것이 정말 기뻤다. 그렇게 섬김을 시작한 또감사선교교회의 젊은 여 집사들은 이제 오십 대가 되어 가지만 여전히 사랑의 메신저로 세계를 돌면서 섬기고 있다.

우크라이나, 필리핀에 피어난 격려와 섬김

2006년에는 여성 선교팀이 우크라이나를 방문해서 3박 4일 동안 우크라이나 목회자들을 섬겼다. 공산 치하에서 살아 그런지 참석한 목회자들의 얼굴이 굳어 있었다. 딱딱한 분위기 가운데 집회는 시작되었

스파크를 섬기는 또감사선교교회 성도들

다. 그러나 사랑은 위대하다. 3박 4일 동안 여자 선교팀이 맛있는 음식을 준비하며 목회자들을 섬겨 주자 집회가 끝날 무렵에는 이들의 모습이 변하기 시작했다. 마음이 부드러워진 목회자들은 선교팀을 배웅할 때 눈물을 흘리기도 했다. 섬김이 으뜸이라는 것, 그 무엇보다 사랑이 늘 승리한다는 것을 깨닫는 시간이었다.

우리가 스파크를 하면서 자주 듣는 이야기 중에 하나는, 그 긴 시간 동안 비행기를 타고 오려면 비용이 만만치 않고 무척 힘든데 왜 고된 일만 하다가 바삐 돌아가느냐는 것이다. 그런데 답은 정말 간단하다. 이분들이 정말 바쁘다는 것이다. 그래서 여유를 가지고 관광할 시간이 없다. 사회에 나가서 한 시간만 일해도 고액의 돈을 버는 분들이 하나님께서 부르신 사명 때문에 그 시간과 물질을 올인해서 섬기는 것이다. 무엇보다 사랑의 능력을 알리는 그분들의 모습에 내가 가장 큰 은혜를 받는다.

2007년에는 필리핀 현지인 목사들을 섬기게 되었다. 격려가 필요하지 않은 사람은 없겠지만, 선교지에서 치열하게 영적 전쟁을 치르는 선교사들에게는 꼭 필요한 것 같다. 스파크는 주님의 사랑으로 다가가 선교사들을 격려했다. 그리고 현지 사역자들은 섬김이 가져다주는 도전과 은혜를 경험하는 시간이었다.

이때도 약 30명의 여 집사들이 투입되었다. 또감사선교교회에서 필리핀 바기오로 파송한 정기양, 최경순 선교사를 통해 알게 된 현지인 목사들에게 다가가 섬김과 사랑으로 식사를 대접했다. 점심 식사가 끝나면 노방 전도를 나가고 심방을 도왔다. 현지 목사와 성도에게 큰 도전이 되었다.

뷔페에서 아침 식사를 하는 현지 목사들을 흐뭇하게 바라보는 여 집사들의 모습을, 나는 잊을 수 없다. "그래. 돈은 저렇게 쓰는 거야!"라고 말하는 것처럼 느껴졌다. 이민자로 살면서 땀 흘려 번 돈을 주님께 드려 쓰임 받을 때 그처럼 큰 희열은 없는 것 같다. 봉사하는 우리는 저렴한 곳에 묵으면서, 현지 목사들은 좋은 호텔에서 쉬도록 하고, 그분들이 맛있게 식사하는 모습을 보며 기뻐하는 마음은 주님이 주신 것이 아니고 무엇이겠는가!

여 집사들의 섬김이 맺은 열매도 귀했다. 현지 목사와 교인이 팀을 이루어 노방 전도를 나갔는데 그 열매가 대단했다. 교회를 한 번도 다니지 않고, 성경도 읽어 본 적이 없는 사람들이 자신을 기독교인이라고 말했다. 그들에게 명확한 복음을 제시하자 많은 사람이 주님께 돌아오는 역사를 낳았다. 당시 한 현지 자매가 이렇게 말한 것이 기억난다. "왜 우리는 이렇게 전도하지 않는 거죠? 열매가 정말 많은데!"

여 집사들이 복음을 제시할 때 거부감 없이 받아들이는 그곳 사람들의 모습을 보면서, 복음을 전하는 우리도 놀라고 감격했던 기억이 난다. 여 집사들 중에는 옷을 만들어 장사하는 분이 많았다. 그때 팀 옷에 전도 다리 예화를 크게 보이도록 디자인해서 입고 다니며 전도의 중요성을 되새기던 기억이 새롭다.

당신은 존귀한 하나님의 자녀입니다

인도의 오리사 지역에서 사역하는 56명의 현지인 사역자들을 섬길 때의 일이다. 오리사 지역에 사는 기독교인들은 심한 핍박 가운데 있고, 대부분 인도 카스트 제도에서 가장 낮은 신분에 속하는 사람들이었다. 기독교인이라는 이유로 핍박과 어려움을 겪으면서도 믿음을 지켜 온 분들이다.

참가자에게 줄 선물로 가득한 이민 가방 30개를 들고 40명이 넘는 부대가 인도로 떠났다. 대부분 낯선 외국인들을 한 번도 본 적이 없기

에, 한국 사람들을 보는 것만으로도 신기해했다. 자라 온 환경이 다르지만, 그리스도 안에서 한 형제자매라는 사실을 부여잡고 그들 앞에 나아갔다. 그리스도의 사랑 앞으로 나올 때 하나님의 위로가 우리 마음의 짐을 눈 녹듯 사라지게 하셨다. 세족식을 할 때는 우리 팀원들이 신발도 없이 다닌 그들의 발을 씻기며 그 발이 주님의 발인 것을 경험했다. 그들은 비천한 계급의 사람이 아니었다. "당신은 하나님의 존귀한 아들딸입니다!"라고 선포하며 서로 부둥켜안고 흐느껴 울었다. 인도의 오리사에서 귀한 하나님의 종들을 위해 몸이 부서지듯 일하며 섬긴 또감사선교교회의 여전사들의 섬김은 위대하다. 섬김은 사랑 없이 발휘될 수 없음을 나는 그 자리에서 또 보았다.

스파크의 섬김이 한국까지 전해진 적도 있었다. 아세아연합신학대학교(AIGS)에는 외국인 학생 70명 정도가 공부하고 있다. 이 학생들의 영적인 아버지로 섬기고 있는 이한영 교수를 만난 것은 내게 큰 축복이었다. 이한영 교수는 브라질 1.5세 출신이다. 어렸을 때 목사님이었던 아버지를 따라 브라질로 갔고, 그곳에서 중고등학교 시절을 보낸 뒤 의과대학에 진학했다. 훗날 미국에서 유능한 암전문의가 되어 안정된 생활을 하는 중에 주님의 부르심을 받았다. 결국 목사가 되어 미국에서 한인 목회를 하다가 안식년을 맞이해 잠시 일본에 머무는 동안 하나님의 또 다른 부르심을 받고 아세아연합신학대학교에서 외국인 학생들을 섬기게 되었다.

사랑은 강하다. 섬김은 위대하다

나는 이한영 교수를 만나 그분의 간증을 들으면서 큰 도전을 받았고, 어떻게 하면 외국인 신학생들을 도울 수 있을까 생각하다가 이들을 위해 스파크를 하면 좋겠다는 생각이 들었다. 많은 물질로 섬기면 자칫 이들을 망치게 될까 봐 잠시 우려했지만 고민 끝에 참석한 모든 학생들에게 태블릿을 선물했다. 그런데 이번 일을 통해 사랑은 그 어떤 것도 뛰어넘는 위대한 능력이 있다는 것을 깨닫게 되었다. 사랑은 결코 사람을 망가뜨리지 않는다. 스파크에 참석한 신학생들은 감격하면서 말했다.

"스파크의 정신을 제 나라에 돌아가서 꼭 적용할 것입니다!"

스파크가 끝난 지 몇 해가 지나도 당시의 감격을 오늘날까지 이야기할 정도다. 사랑은 강하다. 섬김은 위대하다.

그때의 감격 가운데 있던, 또 강사로 섬겨 준 이한영 교수와 아세아연합신학대학교 국제교육원에 재학 중인 인도 학생 라빈(Raveen)의 생생한 간증을 전한다.

아세아연합신학대학교 국제교육원 학생들을 섬긴 스파크

우리가 할 것은
죽기까지 사랑하는 것

_ 이한영 교수

      2013년 7월은 나의 13년 사역 기간 중 가장 힘든 시간이었다. 초등학교 1학년 때 한국을 떠난 나는 계획에 없던 귀국을 하고 바로 아세아연합신학대학교에서 사역을 시작했다. 하지만 많은 시행착오와 어려움으로 인해 나의 소명 의식은 고갈되고 있었다. 구약학과 교수로 초청을 받았지만 실제로는 20~30여 개국에서 온 70명의 외국인 대학원생들을 섬기는 일이 나의 주요 사명이었다. 고향과 가족을 떠나 여러모로 힘든 상황에서 공부하는 외국인 학생 한 명 한 명의 생활고를 일일이 책임져야 했다. 나는 혼자서 감당키 어려워 섬김의 기쁨과 감사를 잃어버리고 있었다.

    또한 5년 동안 지속된 학내 분쟁으로 인해 심신이 지칠 대로 지친 상황이었다. 끊임없이 받기만을 원하고 자신의 책임보다 누려야 할 권리만 요구하는 외국인 학생들에게 언제까지 사랑을 줘야 하는지 허무했다. 모든 것을 포기하고 쉬고 싶었다. 그러던 중 우연히 미국 또감사선교교회의 최경욱 목사를 만나게 되었다. 그리고 최 목사는 스파크 수련회에 우리 학생들을 초대해 주었다. 나는 항상 그랬듯이 우리 학생들이 어떻게든 은혜를 받고 영적으로 성숙한 주의 종들이 되기를 바라며 기도로 함께 참여했다.

그러나 스파크가 진행되면서 하나님께서는 학생들보다 교수인 내가 먼저 은혜를 받아야 함을 깨닫게 하셨다. 특별히 먼 미국에서 고된 이민 생활 중에 오셔서 상상을 초월하는 섬김으로 주님의 사랑이 무엇임을 몸소 보여 준 스파크 봉사자들을 통해 하나님이 나를 얼마나 사랑하시는지, 또한 내가 우리 학생들에게 베풀고 있다고 생각했던 섬김이 얼마나 보잘것없는 것인지를 알게 되었다. 우리 학생들도 입을 모아 자신들도 섬기는 자가 되겠다고, 사랑을 받기보다는 전하는 자가 되겠다고 말하며 은혜의 도가니로 들어갔다. 짧은 2박 3일의 시간이지만, 스파크는 말씀과 섬김이라는 유기적인 두 통로를 통해 우리에게 주님의 사랑을 체험하게 해 주었다.

우리는 사랑을 의심한다. 사랑이 사람을 버릇없게 만든다고 말한다. 그러나 나는 스파크를 통해 진정한 사랑은 아무리 넘치고 과하게 주어도 절대 사람을 망치지 않는다고 확신하게 되었다. 우리가 할 것은 죽기까지 사랑하는 것뿐이다. 우리 주님이 보여 주신 것처럼 죽기까지 사랑하는 것이다. 스파크를 생각할 때 성경 말씀 〈요한일서〉 3장 23절이 떠오른다.

그의 계명은 이것이니 곧 그 아들 예수 그리스도의 이름을 믿고 그가 우리에게 주신 계명대로 서로 사랑할 것이니라.

예수 믿는 삶을
몸소 보여 주신 분들

_ 라빈(아세아연합신학대학교 국제교육원 재학 중)

　　스파크 수련회는 내가 살아오면서 참석했던 모든 수련회 중
에 최고였다. 수련회를 섬겨 준 팀원들의 헌신, 사랑, 그리고 섬김은 마치
그리스도의 임재를 직접 경험하는 듯했다. 그들의 겸손한 태도와 선교적
열정은 마치 "예수를 믿는다는 것은 이렇게 사는 거야"라고 말하는 것 같
았다.

　스파크 수련회에서 강사들이 전해 주는 강의를 통해 하나님 말씀을 배
우고, 그리스도인이자 하나님의 종으로서 어떻게 살아야 하는지 공부했
다. 스파크 수련회는 그리스도 중심의 수련회였다.

　스파크 수련회의 프로그램에는 단 한 번도 경험한 적 없는 특별한 순서
가 많았다. 작은 불꽃을 통해 온 세상이 환하게 되듯이 하나님의 말씀이 나
를 둘러싼 사방으로 전해지기 위해 격려하는 프로그램으로 가득했다. 특
히 십자가에 자신의 죄를 못 박는 프로그램을 통해 내 안의 열등감과 부족
함으로부터 자유로워지는 것을 경험했다. 모든 순서를 통해 하나님의 영
이 친히 일하심을 알 수 있었고, 오랜 시간에 걸쳐 진행되었지만 단 한순간
도 피곤하거나 지루하지 않았다.

스파크 마지막날 축제에 여러 민족의 의상을 입고 섬기는 일에 참여한 또감사 섬김이들

또감사선교교회 성도들의 섬김을 받으며 나도 다른 사람에게 그렇게 하고 싶은 마음이 생겼다. 또감사선교교회가 준비한 스파크 수련회는 영적인 면에서나 육적인 면에서나 매우 균형이 잡힌 수련회였다. 성도들과 나눈 교제, 그들의 사랑, 친절, 섬김과 겸손한 태도는 수련회를 더욱 풍성하게 만들었다.

만일 내게 인생에서 꼭 한 번 경험하고 싶은 일이 무엇이냐고 묻는다면 나는 망설임 없이 답할 것이다.

"스파크 수련회에 한 번 더 참여하고 싶다!"

chapter 2

라헬의
꿈

나는 LA에서 소수 민족 교회를 섬기는 사역자들과 연합해서 글로벌 예배를 드린다. 두 달에 한 번씩 드리는 이 예배를 하나님이 얼마나 기쁘게 받으시는지 느낄 때가 많다. 언어가 달라 함께 예배를 드리기에는 장애물이 많지만 우리는 서로를 위해 기도한다. 특별히 LA와 미국, 자신의 조국을 놓고 기도할 때면 하나님께서 엄청나게 큰 은혜를 그 가운데 부어 주신다.

　그때 우리와 연결된 곳이 젊은 R목사가 사역하는 이란 교회였다. R목사는 복음을 접하고, 무슬림에서 기독교인으로 개종한 분이다. 기적적으로 이란에서 나와 난민 생활을 하다가 미국으로 올 수 있게 되었다고 한다. R목사는 이곳에서 이란 교회를 섬기며 이란에 있는 기독교인들에게 인터넷을 통해 복음을 전하고 있었다. 그분의 기도 제목을 듣고 우리는 2014년 9월 이스탄불에서 생활하는 40명의 이란 형제자매들, 그리고 터키에서 난민 생활하는 기독교인들을 위해 4박 5일 수련회를 진행했다.

R목사와 이슬람 학자인 백신종 선교사 그리고 내가 말씀을 전했다. 그리고 또감사선교교회의 박종윤 장로가 새벽 기도에 대해 도전했고, 문현덕 장로와 장진숙 집사, 자니김 집사, 서정림 집사가 함께 동행해서 그들을 격려해 주었다. 이때 집회를 통해 하나님은 참석한 이들뿐만 아니라 섬기러 간 우리에게도 큰 은혜를 주셨다. 무엇보다 집회하다가 쉬는 시간이나 식사 시간에 이란 형제자매들과 교제하며 많은 은혜를 주고받았다. 그 중에 라헬이라는 자매와 교제하면서, 하나님께서 이 자매를 만나도록 인도하셨다는 것을 깨닫게 되었다.

라헬은 아르메니아에서 살고 있는 난민이었다. 대학교 때 코란을 읽으면서 자신의 종교에 회의를 느꼈고, 폴이라는 사람을 인터넷으로 만나 성경을 받아 읽으면서 주님을 영접하게 되었다. 라헬을 통해 그의 가족 모두 주님을 영접했다. 라헬은 대학교에 다니면서 한 번도 수석을 놓치지 않은 수재였는데 그의 꿈은 의사가 되는 것이었다. 복음을 접하고, 더욱 의사에 대한 꿈은 확고해졌다. 하지만 신앙생활하면서 그 꿈을 실현하는 게 더 어려워졌다는 것을 알게 되었다. 라헬은 아르메니아에서 난민 생활을 하면서 의대 1년을 마치고, 2년째 수업이 시작될 무렵 이스탄불에서 열린 집회에 참석하게 되었다. 교제하는 가운

라헬을 만나게 된 터키 이스탄불 수련회

데 나는 라헬에게 기도 제목을 물었다.

라헬은 의사가 꿈이지만 이번 학기 등록금이 없어서 등록하지 못했다고 했다. 1년을 쉰 뒤 계속 학업을 이어갈 수 있도록 기도를 부탁했다. 기도 제목을 가지고 함께 기도했고, 앞으로도 계속 기도할 것을 약속했다.

다음날 하루 늦게 도착한 또감사선교교회의 한 집사가 비행기를 타고 집회 장소로 오는 중에 하나님이 한 사람을 도우라는 마음을 주셨다면서 오자마자 내게 "목사님! 이번 집회 참석자 가운데 도움이 필요한 사람 못 보셨어요?"라고 물었다. 나는 그 순간 라헬이 떠올라 말했고, 집회 마지막 날에 라헬을 불러서 함께 기도하며 그 집사가 가지고 온 1년 학비를 주었다. 라헬은 학비를 위해 기도하자마자 바로 응답하시는 하나님께 감격하며 감사해 했다.

집회가 끝난 뒤 라헬은 아르메니아로 돌아갔다. 그런데 라헬이 학교에 돌아가 등록금을 내자 10일 동안 수업에 빠졌다는 이유로, 학교는 작년에 이수했던 과목을 다시 공부하게 했다. 귀하게 얻은 등록금을 헛된 곳에 쓸 수 없다는 생각이 들어 그 수업이 필요하지 않다고 학교에 말한 라헬은, 그 상황을 설명하는 가운데 이란 사람이라는 것이 드러나 큰 어려움을 당하게 되고 말았다.

결국 라헬은 지금 당장 의대에 다닐 수가 없게 되어 잠시 그곳을 피해 한국에서 신학을 공부하기 위해 준비하고 있다. 그리고 하나님께서 의대에 진학하도록 해 주실 것을 소망하고 있다. 고난 속에서도 믿음이 더욱 든든하게 세워져 가는 라헬을 보면서 얼마나 감사한지 모른다. 나는 라헬이 신학교와 의대를 졸업하고 나서 이란 교회의 귀한 일꾼으로 섬기게 될 것을 확신한다.

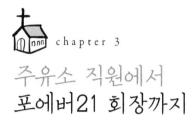

chapter 3

주유소 직원에서
포에버21 회장까지

평신도 리더십의 중심, 장도원 장로와 장진숙 집사

또감사선교교회는 평신도 지도자들이 시작한 교회다. 그리고 그 리더십의 중심에는 장도원 장로와 장진숙 집사가 있다. 사실 이들은 세계적인 의류업체 포에버21의 회장 부부로 사회에서도 유명하다. 세계에서 가장 큰 영향력을 미치는 여섯 커플을 선정할 때, 버락 오바마 & 미셸 오바마 미국 대통령 부부, 빌 & 멜란다 게이츠 회장 부부, 브래드 피트와 안젤리나 졸리 커플에 이어 장도원 장로와 장진숙 집사가 뽑힐 정도다. 게다가 장진숙 집사는 몇 해 전 세계에서 영향력을 끼치는 여성으로 39위에 오르고, 역경을 이겨낸 성공자 중에 오프라 윈프리를 제치고 1위를 하기도 했다. 젊은이들에게 Forever 21에 대해 물으면 단번에 "최고의 Store!"라고 답할 정도로 이들의 사업은 크게 성공했다.

하지만 지난 십여 년 동안 내가 이분들을 곁에서 지켜보며 놀라운 것은 유명한 사업가로 자리 잡는 과정보다 그들 안에 있는 주님을 향한 열정이다. 내가 두 사람에게 부러운 것은 매년 벌어들이는 엄청난 액수의 돈이 아니다. 탁월한 사업 능력과 패션의 감각도 아니다. 바로 주님을 사랑하는 마음이다. 예수님을 사랑하는 일이라면, 가족, 사업, 아니 자신의 목숨까지도 아끼지 않으며 나아가는 분들. 사람은 다른 사람의 위치가 되어 보지 않는 이상 그 상황을 온전히 이해하지 못한다. 나 또한 사업을 해 보지 않았기에 장도원 장로 부부가 기업인으로 경험하는 것들이 무엇인지 다 이해할 수 없다. 하지만 한 가지 분명하게 느끼는 것은, 이들이 살아가는 하루는 참으로 대단하다. 그럼에도 불구하고 하나님 앞에서 겸손하고, 사람들과 따스한 사랑을 나눈다는 것에 늘 감동한다.

장도원 장로는 수없이 많은 출장을 다니는 대기업 회장임에도 불구하고, 매일 새벽 맨 앞자리에 앉아 예배드린다. 그의 그런 모습을 볼 때면 진정 하나님을 사랑하는 사람임을 느낀다. 새벽 예배가 시작되어 찬양하고 말씀을 들은 뒤 기도 시간이 되면, 장진숙 집사는 강단 위에 올라가 기도한다. 그날 받은 말씀을 붙들고 맡겨진 사명과 기도 제목을 가지고 부르짖는다. 그 모습을 볼 때마다 도전과 사랑을 느낀다.

최근에 북한에 보낼 쌀을 포장했다. 백만 끼 쌀을 포장하기 위해 교

장도원 장로 부부는 온몸으로 봉사하는 열정의 사람이다
(북한에 보낼 쌀을 포장하는 또감사선교교회 성도들)

회에서 4일 동안 봉사하는데, 매일 저녁 바쁜 일과를 마치고 장도원 장로 부부가 나와서 일하는 모습을 보게 되었다. 빌 게이츠 부부 역시 귀한 일을 많이 하지만, 장도원 장로 부부처럼 온몸으로 봉사할 수 있을까 하는 생각이 들었다.

글을 쓰는 지금, 장도원 장로가 서울에 있는 병원에 잠시 입원했다는 소식을 전해 들었다. 바쁜 스케줄로 인해 몸이 많이 지친 상황이었는데, 강릉에서 목회하는 박삼열 목사를 위로하려고 무리하게 갔다가 결국 탈진해서 병원에 입원하게 되었다. 그 모습을 통해 이들 안에 있는 따스한 목회자의 심정을 보게 되었다.

내게도 이들의 영향력이 크다는 것을 부인할 수 없지만 이들을 잘 아는 사람이라면 그 누구도 마찬가지일 것이다. 주님의 일이라면 모든 것을 다 드려서라도 기쁘게 감당하려는 그 열정이 사람이 보아도 이리 아름다운데, 하나님은 얼마나 귀하게 보실까?

장도원 장로는 5대째 신앙을 가진 믿음의 가정에서 태어났다. 어려서부터 말씀을 접하고, 늘 주위에 기도하는 분들의 후원을 받으며 성장했다. 장도원 장로 친지 가운데 목사만 27분이나 될 정도로 한국 기독교의 초대부터 영향력이 깊은 집안이었다. 나는 장도원 장로의 부모님을 뵐 때면 신앙에 흔들림이 없는 분들임을 느낄 수 있었다.

학업보다 사업에 뜻을 두고

장도원 장로의 가족은 일찍 미국 이민을 꿈꾸었다. 그런데 미국으로 먼저 가신 부모님과 떨어져 지내면서 장도원 장로는 학업을 멀리하게 되었다. 그리고 점점 늦어지는 이민 절차 속에서 학생 장도원은 학업 대신 사업에 뛰어들었다. 워낙 지혜와 사업 수단이 있어서, 명동에서 커피 가게를 시작해 적지 않은 성공을 거두었다. 지금은 당시 그 자리에 명동 Forever 21이 들어와 있다. 장도원 장로는 언젠가 내게 말했다. "이 모퉁이가 제가 처음 사업을 시작했던 위치예요. 정말 감회가 남다릅니다."

장도원 장로가 젊은 시절 한국에서 카페를 열어 사업을 시작할 때, 장진숙 집사는 명동에서 잘나가는 미용사였다. 장진숙 집사는 장도원 청년이 마음에 들어 커피를 많이 주문해, 사장이 직접 배달을 오게 할 정도로 적극적이고 통이 큰 여자였다. 연애 시절의 일화다. 장도원 청년은 장진숙 숙녀와 데이트 약속을 했다가 급한 일이 생겨 약속을 다음날로 미룬 적이 있었다. 다음날, 당시에 가장 좋은 음식인 갈비탕을 사 주려고 유명한 갈비집으로 데려갔다. 그런데 음식 가격이 꽤 비싸서 고민하다가 약속을 미룬 미안함도 있고 해서, 갈비 3대를 시켰다. 그랬더니 앞에 앉아 있던 장진숙 숙녀는 피식 웃으면서 "여기 갈비 10대 주세요" 하는 것이었다. 그러고는 "제가 살게요" 했다. 그 말에 장도원 청년은 마음을 놓고(?) 먹고 있는데, 곧이어 10대를 더 추가했다. 그 모습을 본 장도원 장로는 "이 사람하고 결혼하면 먹는 것은 문제가 없겠구나" 하는 생각이 들었다고 한다.

이 이야기를 들으면서 그들의 젊은 시절 성품이 눈에 그려졌다. 지금도 두 분은 맛있는 음식을 먹는 것도 좋아하지만 풍성하게 장만해 사람들에게 대접하기를 즐겨한다. 그래도 젊은 시절 한국에서 꽤 잘나가던 사업가와 미용사였지만 이민 와서는 고생을 많이 했다.

식당에서 접시 닦는 일, 주유소에서 기름 넣어 주는 일, 밤에 청소하는 일 등 열심히 일해서 모은 자본금으로 그들은 작은 옷가게를 구입했다. 가게를 인수한 첫해 매출은 35,000달러에 불과했으나 그다음 해에는 매출이 70만 달러로 성장했다.

하나님보다 사랑했던 것을 다 버렸다

장도원 장로는 앞만 보며 열심히 살다가 하나님을 만나게 된 때를 이렇게 말한다.

"저는 독이 많이 올랐던 사람입니다! 밤낮을 가리지 않고 열심히 살았지요. 5대째 믿는 가정에서 태어난 모태 신앙인이었지만, 죽기 바로 전에 회심하리라 생각하고 주님께로 오는 걸 미뤄 왔었습니다. 명목상 기독교인으로 살아가던 어느 날, 오랫만에 개척 교회를 방문해 뒷자리에 앉아 있는데, 들리는 찬송가 소리에 하염없이 눈물이 나면서 과거의 제 모습이 떠오르는 은혜를 받았습니다. 그때 세상이 주지 못하는 어떤 채움을 경험했습니다."

그 후 장도원 장로는 성경 공부를 시작했고, 어떻게 하면 하나님을 기쁘시게 해 드릴까 고민하며 살았다. 그런 가운데 한 선교사님을 통해 아마존 선교에 동참하게 되고, 그 첫 선교지에서 열악한 환경 때문에 고생했지만 선교에 대한 꿈을 키우게 되었다. 그 뒤 장도원 장로의 주님을 향한 열정은 선교에 대한 뜨거운 사랑으로 표현되었다.

그는 자신의 신앙에 대해 간증할 때 "내가 하나님보다 사랑했던 것을 다 버렸다"라고 고백한다. 지난날 가장 사랑했던 돈을 마음의 중심에서 멀리하기로 다짐하고 생활비를 십분의 일로 줄였다. 아이들에게

사 주고 싶은 것 안사 주고, 냉장고가 텅텅 빌 정도로 절약하며 다시는 돈의 노예가 되지 않겠노라고 결심했다.

나는 처음 장도원 장로의 집에 갔을 때 깜짝 놀랐다. TV는 수동식이고 침대는 매트리스만 덜렁 바닥에 깔려 있었다. 가구는 어디서 주워 온 것처럼 색깔이 맞지 않는 데다 비가 오는 날에는 지붕이 새기도 했다. 남들이 보기 민망할 정도로 검소하고 지독하게 산 것이다. 많이 가진 분이지만 자신의 마음 중심에 주님을 모시고 싶어 스스로 호된 훈련을 했다. 엄격한 잣대로 자신을 훈련한 다음에는 주님이 주신 확신과 자유함으로 새롭게 되어서 지금은 주님이 주신 복을 누리며 산다. 하지만 두 분을 보면 지금이라도 있는 것을 포기하고 주의 인도를 따를 수 있을 정도로 훈련이 몸에 밴 분들이다.

진정한 자유는 모든 것을 포기할 때 찾아온다. 이 비밀을 아는 사람에게는 또 다른 차원의 영적 풍요로움이 있다. 장도원 장로의 모습을 옆에서 지켜보며 배우는 또 하나의 영적 원리다.

주님 아니면 감당할 수 없습니다

부부가 서로 닮는다고 하지만, 장도원 장로 못지않게 뜨거운 열정으로 주님을 섬기는 이가 바로 장진숙 집사다. 아니 그의 삶 자체가 열정으로 똘똘 뭉친 분이라 해도 과언이 아니다. 또감사선교교회의 대부분

열정으로 똘똘 뭉친 장진숙 집사와 우리 교회 여전사들

성도들은 장진숙 집사를 통해 교회에 오게 되었다. 장진숙 집사와 잠시 만나 대화하면 대부분의 사람들은 그분에게 빠져든다. 그 이유가 무엇일까? 나 역시 그 부분에 대해서 골똘하게 생각했는데 그것은 바로 그가 가진 진실성 때문이다.

"장진숙 사모님이 나 같은 직원에게 무슨 덕 볼 것이 있다고, 이렇게 관대하게 해 주며 복음을 전하실까요?"

나는 그를 통해 교회에 온 성도들에게 종종 이런 이야기를 듣는다. 회사에 외국인 직원들은 장진숙 집사를 존경 어린 눈빛으로 바라볼 때가 많다. 자신의 회사에서 청소를 맡아서 일하는 분이든, 세계적인 기업인이든, 늘 동일하게 복음을 전하고자 애쓰는 모습이 참으로 대단하다고 느낄 때가 많다.

　장진숙 집사는 태어날 때부터 윗목으로 밀쳐져 3일을 죽은 아이처럼 있었다고 한다. 그래서일까? 그에게는 인생의 차가운 밑바닥의 삶부터, 최고의 것을 누리는 삶까지 모두 품을 수 있는 넓은 마음이 있다. 새벽마다 피곤한 몸을 이끌고 새벽 예배 맨 앞자리에 앉아서 부르짖는 기도를 듣고 있노라면 그는 진정 복음의 사람이고, 열정의 사람이고, 주님의 사람임을 느끼게 된다. 그의 부르짖는 기도 소리가 들리면 간혹 눈물이 날 때가 있다. 저이는 저렇게 하지 않아도 될 것 같은데 그토록 "주님 아니면, 감당할 수 없습니다!"라고 부르짖는 고백에 나까지 마음이 아플 때가 있다.

　최근에 장진숙 집사와 함께 엘살바도르에 선교를 다녀온 적이 있다. 가기 전에 장진숙 집사의 회사에 근무하는 한 직원이 자신의 할머니가 엘살바도르 바닷가에서 생선 장사를 한다고 말했다. 그러자 그는 주소를 받아서 공항에 내리자마자 그 할머니를 방문했다. 그리고 할머니가 파는 생선을 모두 사 드렸다. 그 직원은 회사에서 오래 일했지만, 높은 직위에 있는 이도 아니었다. 그 직원이 할머니에게 연락을 받고, 장진숙 집사가 직접 찾아와 준 따뜻한 마음을 평생 잊지 못할 거라고 했다는 이야기를 나도 전해 들었다.

　지금까지 수많은 사람이 장진숙 집사의 따스한 손길을 통해 학업을 마치고, 사역을 감당하고, 가정을 세우고, 선교에 헌신하고, 죄의 길에서 돌아섰다. 그 무엇보다 수많은 사람이 예수 그리스도를 만나는 축복을 경험했다. 요즘은 금요일이면 LA에 사는 여러 민족 목사들을 섬긴다. 이들은 대부분 LA에서 자신의 민족을 위해 목회하는 분들인데, 여러 가지 어려움을 겪고 있다. 장진숙 집사는 그들을 만나 격려하고 재정적으로 도움을 주면서 그들이 사역을 지속할 수 있도록 돕는다. 그 열매가 얼마나 큰지 머지않아 LA에 큰 부흥이 올 것 같다. 그뿐 아니라, 그 소수 민족 목사들을 통해 세계 선교를 향한 꿈을 꾸게 된다.

어느 날 둘로스 단장으로 섬겼던 최종상 목사가 장도원 장로, 장진숙 집사에게 잊지 못할 큰 은혜를 받은 적이 있다고 내게 편지를 보냈다. 그의 은혜로운 이야기를 함께 나누고 싶다.

로고스호프 이야기

_ 최종상 목사

　　나와 아내는 2007년 초에 미국을 방문했다. 목적은 미국 은행에서 년2% 미만의 이율로 100만 달러를 빌리기 위함이었다. 당시 크로아티아에서 마무리 수리 중이던 로고스호프 선교선의 공사가 끝나면 치러야 할 잔금을 준비해야 했다. 그 금액은 230만 유로였는데 그렇게 많은 돈을 짧은 기간에 모금하기는 어려워서 일단 차용하기로 한 것이었다. 그런데 선교선 본부는 이 사명을 내게 맡겼다. 나는 평소에 내 선교비를 보조해 달라고 말한 적도 없을 정도로 모금에는 재주가 없는 사람이다. 하지만 너무도 급박한 선교선의 형편을 보고 나라도 나서서 모금에 힘을 합해야겠다고 생각했다.

　　LA에서 장도원 장로를 만났을 때 그는 또감사선교교회 성도들과 저녁식사를 하는 중이었다. 나는 둘로스와 함께하는 하나님의 역사를 보고하느라 저녁도 잘 먹지 못했고, 또 100만 달러를 빌릴 수 있는지 얘기하는 것도 깜빡 잊고 있었다. 무슨 얘기 끝에 로고스호프 수리 얘기가 나왔는데 공사가 끝났지만 230만 유로라는 엄청난 잔금을 치르지 못해 당장 가져올 수 없을 것이라고 말하게 되었다. 내 말을 듣고 있던 장도원 장로는 가만히

세계를 항해하며 복음을 전하는 로고스호프

물었다.

"그것이 달러로는 얼마나 됩니까?"

"300만 달러 정도가 됩니다."

"선교사님, 말하느라 식사도 못했는데 우선 돈 걱정은 하지 마시고 식사를 좀 하세요."

순간 100만 달러를 구해야 한다는 생각이 들어 말씀드려 볼까 생각했지만, 다른 분들도 있는 자리에서 돈 문제를 꺼내기가 거북하여 차마 말하지 못했다. 그런데 바로 그때 장도원 장로는 내 귀를 의심할 이야기를 했다.

"300만 달러는 저희가 드리겠습니다. 그러니 식사만 하십시오. 저희에게 생각하지 않은 300만 달러가 생겨 어떻게 써야 할까 기도하고 있었습니다. 액수와 시간이 맞는 것을 보니 그 선교선 마무리에 쓰라고 주님이 말하시는 것 같군요."

나는 그 말을 듣고 너무 놀라 정작 그때부터 식사할 수가 없었다. 100만 달러를 빌려 오라는 사명을 받고 미국에 왔는데 300만 달러를 얻게 되었으니 얼마나 놀라운 일인지. 장도원 장로의 관대한 결정에 놀랄 수밖에 없었고, 그 모든 것을 인도하시는 하나님께 감사하여 목이 메었다.

다음날 아침 일찍 독일 본부의 선교선 책임자 번트 퀼커 선교사에게 전화해 이 기쁜 소식을 알렸다. 그는 너무나 기뻐하며, 이것이 로고스호프를 위해 들어온 단일 헌금 중에 최고 액수라고 했다. 나중에 들으니 그날 로고스호프 재정 상태는 1만 유로 정도밖에 없었다고 한다. 로고스호프는 수리한 뒤 2009년 2월부터 사역을 시작했고, 지금은 오엠의 유일한 선교선으로 귀하게 쓰임 받고 있다.

chapter 4

선교지에
마음을 심는다

캄보디아를 마음에 심은 옥창호 장로 가족

선교는 마음을 심을 때 열매 맺는다. 또감사선교교회 성도 중에는 영주권이 없는 분들이 있다. 그런 분들은 외국에 나가면 다시는 미국으로 돌아올 수 없기에 선교를 가고 싶어도 갈 수가 없다. 이들에게는 선교에 대해 도전하는 것이 참 마음 아프다. 참여하고 싶어도 할 수 없는 상황이니 얼마나 안타까운가. 그래서 이분들의 최우선 기도 제목은 영주권을 받아서 선교에 참여하는 것이다. 실제로 적지 않은 분들이 영주권을 받고, 제일 처음 나가는 여행이 바로 선교 여행이다. 그 감격이 얼마나 큰지 그들이 기뻐하는 모습을 보면서 느낀다. 선교에 마음을 심을 때 이런 적지 않은 기적들이 일어난다. "선교에 참여하고 싶어서 간구했더니, 하나님께서 영주권을 주셨습니다!"라는 간증을 종종 듣는데, 하나님께서 선교에 대한 마음이 얼마나 기쁘면 그렇게 빨리 응답하실까 생각하게 된다.

또감사선교교회는 당시 안수 집사(지금은 다 장로가 되었지만)이던 7분이 각 나라를 맡아서 섬겨 주었다. 각 나라를 맡아서 섬기는 분들의 특징을 콕 집어 말하면 그 나라에 마음을 심은 분들이다. 그 나라에 자신의 마음을 심고 그곳을 하나님께서 자신에게 맡긴 거룩한 부르심이라 여기며 전심을 다해 섬기는 모습은 그리스도의 군사와 같다.

그 가운데 캄보디아를 맡아서 섬겨 준 옥창호 장로는 또감사선교교회의 초창기부터 학교에 대해 관심이 많던 분이다. 그 결과의 하나로 캄보디아 봇벵마을에 프랜드 스쿨을 개발하는데 크게 기여하게 되었다. 옥창호 장로는 캄보디아 프놈펜에서 자동차로 4기간 거리에 있는 시아누크빌에서 구견회·민혜순 선교사를 만나 그들과 협력해서 학교 사역을 시작했다. 구견회 선교사는 싱가포르 중국 교회의 파송 선교사로 시아누크빌 시내에 캄보디아 정부의 승인을 받은 학교를 운영하고 있다. 구견회 선교사의 도움을 받아 봇벵마을을 방문하게 되고, 그곳 지도자들이 학교를 원한다는 사실을 알고 그곳에 학교를 설립한 것이다.

캄보디아 봇벵마을에 프랜드 스쿨을 세우다

현지인을 세우며 지역 개발을 돕다

봇벵마을은 내륙 지역인데다 큰 강이 가로 막고 있어서 외부와의 교류가 거의 없었다. 숯을 구워 생계를 유지하는 마을인데, 모두 48가구에 주민 200명 정도가 사는 아주 가난한 마을이었다. 처음 그곳을 방문한 뒤 옥창호 장로와 나누던 말이 아직도 생각난다.

"지난 5백 년 동안 이 마을에서 변한 것이 무엇일까? 아마 하나도 없을 것이다."

그렇게 표현할 정도로, 봇벵마을은 오지 중에 오지였다. 이 마을에는 초등학교가 없어 학교에 가려면 배를 타고 20분 이상 가야 하는 상황이었다. 어린아이들은 교육의 기회가 없었다. 봇뱅마을에는 공공 기관 자체가 전혀 없었다. 그러니 청소년과 어린이를 위한 교육 기관을 기대할 수 없는 노릇이다. 그러한 마을에 또감사선교교회의 후원으로 학교 건물이 지어지고 학교가 시작되어 아이들이 교육을 받게 되었다. 많은 국제 단체와 사람들이 이 지역 개발 사역을 위해 헌신하며 큰 도움을 주었다. 주의 일은 이처럼 많은 분이 고귀한 일에 연합하며, 헌신할 때 이루어진다.

봇뱅마을 사역에 특정이 있다. 적지 않은 외국인들이 지역 개발을 위해 참여했는데, 현지인들이 모든 일을 감당할 수 있을 만큼 자립되면 모두 빠져나왔다. 선교는 현지인들이 자립할 수 있도록 돕는 것임을 가르쳐 준 곳이었다.

봇뱅마을을 소개한 구견회 선교사의 첫 사역은 시아누크빌에서 시작한 40~50명의 캄보디아 청년을 위한 성경 학교였다. 그런데 현재는 캄보디아의 대표적인 학교로 불리는 라이프 대학교(Life University)를 이끌고 있다. 또감사선교교회의 옥창호 장로가 이 사역에 마음을 심었고, 물질과 시간으로 섬겨 주었다. 캄보디아를 마음에 품고 한 해에 6번을 방문한 그의 헌신은 라이프 대학교를 통해 많이 열매 맺게 되었다. 한번은 크리스마스 때 가족들과 함께 캄보디아에 있는 아이들을 섬기러 여행을 떠나는 모습을 보고 감동받은 기억이 난다. 온 가족이 캄보디아 아이들과 함께 예수님의 탄생을 축하하고 작은 선물을 나누고자 하는 모습은 정말이지 선교에 마음을 심은 사람의 모습이었다.

그해 성탄절에 2,000명이 넘는 학생들을 위해 준비해 간 성탄 선물과 함께 나눈 추억은 옥창호 장로 가족에게도 잊지 못할 기쁨이 되었을 것이다. 그 뒤로도 옥창호 장로는 계속적으로 또감사 단기팀을 만들어 여름이면 캄보디아를 방문했고, 적지 않은 아이들이 주님의 복된 소식을 접하게 되었다.

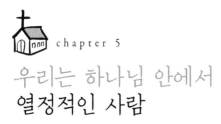

chapter 5

우리는 하나님 안에서
열정적인 사람

또감사선교교회 성도들의 큰 특징이 하나 있다면 그것은 어린아이부터 시작해 노년에 이르기까지 열정이 대단하다는 것이다. 하나님은 그 기질을 사용하시는 것 같다. 어디에서 그런 열정적인 기질이 형성되었을까 생각해 보니 두 가지 이유가 있었다.

첫 번째, 열정의 리더십이다. 우리 교회는 처음부터 평신도 지도자들의 리더십으로 시작되었고, 지금도 그 영향력은 계속되고 있다. 나는 모든 교회가 평신도 지도자들의 리더십을 목회자들과 나누어 활용해야 된다고 생각한다. 때때로 목회자에게 없는 리더십이 평신도에게 있고, 평신도 지도자에게 없는 리더십이 목회자에게 있기 때문이다. 이 모든 것이 서로 합력해서 하나님의 일을 위해 드려질 때, 그 영향력은 세상이 감당할 수 없는 시너지 효과를 낸다고 확신한다. 우리는 한 팀이기에 서로에게 실망하고, 등 돌리고, 용서하지 않고, 포기하려는 우리 안의 적과 항상 싸워야 한다.

진정한 싸움에서 승리하도록

치열한 경쟁을 뚫고 사업을 이끌어 나간 경험이 있는 우리 교회 성도들은 무엇을 해도 지기를 싫어하고, 모든 일에 "할 수 있어!" 자세로 임한다.

한번은 우리 교회가 속한 교단에서, 교회 대항 체육대회가 열렸다. 첫 출전에서는 종합 4위를 했다. 마지막 육상 릴레이에서 선두로 달리던 젊은 자매가 넘어지는 바람에 기대했던 점수를 받지 못했던 것이다. 친선 체육대회인데 그럴 수도 있지 하며 가볍게 받아들일 수도 있었지만, 우리 교회 리더들은 심각해 보였다. 그리고 다음해 비장한 각오를 하고 체육대회에 출전했다. 청년들을 중심으로 체육대회에 참여하는 다른 교회에 비해 또감사선교교회는 아이부터 어르신까지 전교인이 참여했다. 힘차게 응원하고, 경기에는 목숨을 걸고 최선을 다했다. 대부분 종목에서 우승을 차지했고, 그 우승은 4년째 계속되었다. 마치 교단 체육대회가 또감사선교교회 대 나머지 교회의 경쟁 같은 분위기를 만들어 낼 정도로 그 열정이 대단했다. 어떤 교인들은 왜 그렇

진정한 싸움에서 이기기 위해 모든 일에 열정적인 또감사선교교회 성도들(체육대회 끝나고)

게 열심히 하느냐고 우리에게 질문한다. 그러자 리더들은 아주 간단하
게 대답했다.

"작은 것부터 열심히 해서 승리할 줄 알아야, 진정한 싸움에서도 승리할
줄 안다."

진정한 싸움은 영적인 싸움이다. 영적인 싸움에서 이기도록, 이기는
습관을 아이들에게 길러 주자는 거였다. 작은 체육대회도 승리하기 위
해 이렇게 열정적인 리더들이다. 이 열정의 리더십이야말로 성도들과
귀히 나누고픈 영적 자세라고 생각한다. 그런 의미에서 열정의 리더들

에게 목회자는 힘찬 박수를 보내고 싶을 때가 많다.

그리고 또 한 가지 또감사선교교회가 감출 수 없는 열정이 나오는 이유는 주님을 향한 뜨거움 때문이라고 말하고 싶다. 이것은 우리 교회에 와서 주일 예배를 드리면 모두 경험할 수 있다. 매주일 부족한 사람들이 함께 모여서 신령과 진정으로 예배를 드리며, 자신의 부족함을 주님께 아뢴다. 주님을 위해 살기로 결단하며 드리는 예배의 진지함과 순수함을 통해 주님은 성도들에게 다시금 한 주를 선교적 교회로서 살아갈 수 있도록 열정을 부어 주신다. 치열한 삶의 현장에서 주님의 기름 부으심이 없이는, 사명 없이는 제대로 살 수 없다는 것을 성도들의 삶을 통해서 배우게 된다. 내가 지난 십 년간 목회하면서 얻은 가장 큰 수확은 이것을 깨닫게 된 것이라고 생각한다.

하나님 안에 있을 때

주님이 부활 승천하시기 전에 제자들에게 나타나셔서 지상 명령을 나누고 하늘로 올라가신 것을 우리의 두 눈으로 보았다면 어땠을까? 그 감격은 실로 대단해 평생 잊지 못할 것이다.

"꽤 괜찮은 명령이셔!"

"오늘 내게는 별로 적용되지 않는 말씀인데?"

"아! 주님이 좋은 말씀을 하셨어."

그 광경을 직접 보았다면 누가 이 정도로 반응하고 돌아가겠는가! 제자들은 그 모습을 보고 열정이 타올랐을 것이다.

"주님께서 우리와 함께한다고 하셨어!"

"주님께서 우리에게 권세를 주셔서 우리로 이 사명을 감당하게 한다고 말씀하셨다고!"

"주님! 제가 이 사명을 감당하겠습니다!"

이렇게 뜨거운 열정을 가지고 그 말씀을 전했을 거라 생각한다. 그래서 그들은 〈사도행전〉 4장 20절에서도 이렇게 고백한다.

우리는 보고 들은 것을 말하지 않을 수 없습니다.

얼마 전만 해도 겁쟁이였던 제자들이 열정의 사람이 되었다. 부활의 주님을 만난 증거가 바로 이것이다. 우리가 주님을 만나면 열정의 사람이 된다. 영어 'Enthusiastic'은 '열정적인'이라는 뜻이다. 이 단어는 합성어인데 en은 '무엇 안에'라는 뜻이고 thus(theo)는 '신'을 의미한다. 우리가 하나님 안에 있다면 우리는 'enthusiastic'(열정적인) 사람이 된다고 확신한다. 예배는 하나님을 만나는 것이다. 예배를 통해 우리는 하나님 안에 거하는 법을 배우고, 열정적인 사람이 되어서, 세상에 나아가 선교적 삶을 살아가게 된다.

인도 선교사로 파송을 받은 존 하이드는 혼자서 책 읽는 것을 좋아하고, 방에서 연구하는 것을 즐기던 사람으로 유명하다. 그런데 복음을 받아들이고 난 뒤 그는 수많은 사람에게 복음을 전하는 사람이 되었다. 그는 늘 "제게 영혼들을 주시거나 아니면 죽음을 주십시오"라고 기도했다. 하나님의 사람은 자신의 기질과 상관없이 열정의 사람이 된다. 그리고 그 열정은 선교적 삶이라는 열매를 맺도록 하나님이 인도하신다.

열정으로 똘똘 뭉친 예수님의 제자들

나는 영국 런던에서 목회하던 찰스 스펄전 목사가 한 말을 늘 가슴에 새긴다. 1866년에 스펄전 목사가 섬기던 메트로폴리탄교회의 성도 숫자는 4,366명이었다고 한다. 지금 한국의 대형 교회에 비하면 그리 크다고 할 수 없지만, 당시에는 세계에서 가장 성도가 많은 교회였다. 그런데 그는 성도들 앞에서 늘 이렇게 말했다.

"사랑하는 형제자매 여러분! 주님을 향해서 가슴이 뜨거운 사람 열두 명만 있으면 이 런던의 삭막하고 고독한 환경을 기쁨이 충만한 곳으로 바꿀수 있습니다. 그러나 4,366명이 있다고 할지라도 전부 다 미지근한 성도라면 아무것도 할 수가 없을 것입니다."

또감사선교교회의 어른 성도는 300명 정도다. 어쩌면 이 숫자도 너무 많은 게 아닌가 하는 생각을 하게 된다. 예수님은 12명의 제자들로 세상을 변화시켰다. 우리는 많은 성도가 필요한 것이 아니라, 진정 열정으로 똘똘 뭉친 예수님의 제자가 필요하다. 그 열정의 제자가 바로 내가 되어야 하고, 우리가 되어야 할 것이다.

열정은 우리 자신을 위해 살아갈 때 얻어지는 것이 아니라, 예수 그리스도를 위해 살아갈 때 우리 가운데 폭발적으로 솟아오른다. 〈고린도후서〉 5장 14~15절 말씀이 떠오른다.

> 그리스도의 사랑이 우리를 강권하시는도다 우리가 생각하건대 한 사람이 모든 사람을 대신하여 죽었은즉 모든 사람이 죽은 것이라 그가 모든 사람을 대신하여 죽으심은 살아 있는 자들로 하여금 다시는 그들 자신을 위하여 살지 않고 오직 그들을 대신하여 죽었다가 다시 살아나신 이를 위하여 살게 하려 함이라

또감사선교교회 성도들은 그리스도의 사랑이 우리를 휘어잡기에, 그 사랑의 힘에 붙잡혀 선교적 삶을 살아가는 것이라고 고백한다.

북한의 결핵 퇴치 운동에 앞장서고 유진벨 재단의 회장을 맡고 있는 스티븐 린턴 박사가 우리 교회 젊은이 예배에 와서 이런 말씀을 전해주었다.

자신의 할머니가 살던 시대의 미국은 젊은이들이 주님을 향한 열정이 얼마나 대단했는지 많은 젊은이가 선교사로 가려고 지원했다. 그런

하나님 안에 있어서 열정적인, 또감사선교교회 리더십

데 그 숫자가 하도 많아서 대기자에 이름을 올려놓고 기다려야 했다는 것이다. 젊은 선교사들의 평균 수명이 2~3년밖에 안 되는데도 불구하고 말이다. 이 열정은 어디에서 나온 것일까? 주님을 향한 사랑, 그리스도 안에 거할 때 우리가 누구인가를 명확하게 조명하시는 성령님의 역사가 있었기에, 그들은 죽음을 무릅쓰고 선교적 삶을 살았다고 생각한다. 이 열정의 영성이 우리 모두에게 회복되길 기도한다.

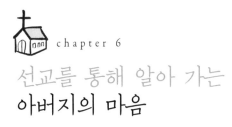

chapter 6

선교를 통해 알아 가는
아버지의 마음

선교에 마음을 심고 동참하다 보면 그곳의 아이들이 하나둘 눈에 들어오고, 어느 순간 그들을 부모의 마음으로 사랑하는 나 자신을 발견하게 된다. 특히 학교 사역이나 어린아이를 돕는 일을 하다 보면 더욱 그렇게 되는 것 같다.

박종윤 장로와 임남수 선교사

필리핀의 무슬림 지역인 민다나오 섬의 도시 카가얀데오로(Cagayan De Oro)에서 선교사로 섬기고 있는 임남수 선교사, 함께 동참하며 나아갔던 박종윤 장로, 그 팀원들의 모습이 그랬다.

또감사기도회는 대부분의 선교사가 자녀 교육에 대한 어려움을 겪고 있다는 것을 알고 한동대학교 안에 선교사 자녀 학교를 후원하기 시작했다. 구체적으로 선교사 자녀들의 실정을 알아보기 위해 오성연 장로는 세계 여러 선교지를 다니면서, 선교사와 자녀들 교육에 관해 설문 조사를 했다. 그 가운데 필리핀 민다나오 섬에서 사역하는 서은철 선교사(Immanuel Mission School)와 임남수 · 정희기 선교사를 만나게 되었다. 이때부터 또감사선교교회는 포따온(Potaon)마을에서 사역하는 임남수 선교사를 도와 선교에 동참하기 시작했다.

대부분 선교사들은 자녀 교육 때문에 도시에 거주하며 선교에 힘쓰는데, 임 선교사는 좀 달랐다. 사역지를 결정한 뒤에, 자녀 교육을 고려하는 분들이었다. 당시 임남수 선교사에게는 6살 임마누엘과 2살 브니엘이 있었다. 이들 부부는 민다나오 섬, 카가얀데오로에서 자동차로 4시간 거리에 있는 산골 마을에서 초등학교 교육을 시작하였다. 필리핀의 온건한 마라나오족 약 200세대가 살고 있는 마을인데, 주민은 모두 무슬림이며 '비사야어'를 사용하는 곳이었다. 이분들이 이곳에서 사역을 시작하게 된 이야기는 우리 교회의 전설로 남을 정도로 선교에 대한 깊은 교훈을 주었다.

1997년 9월, 임남수 선교사는 비가 내리는 저녁에 포따온마을 앞을 지나다가 자동차 바퀴가 진흙탕에 빠져서 동네 주민들의 도움으로 나올 수 있었다. 1주일 뒤, 다시 포따온을 방문하여 마을 지도자인 빰

뼁 카바사바 술탄에게 "늦은 밤 동네 사람들의 도움을 받아 자동차가 나올 수 있었다"며 감사드렸다. 그리고 나서 포따온마을에 학교가 없는 것을 알고 마을 지도자들에게 학교 설립 허락을 구하며 4년을 기다렸다.

1997년 8월, 4년 만에 "우리 마을에 학교를 세워서 운영하여 주십시오"라는 고대하던 답을 들었다. 그리고 포따온마을에서 4km 떨어진 곳, 그리스도인들이 주로 살고 있는 칼리란간(Kalilangan)마을에 교실 3개를 건축하여 '포따온 아카데미'(Potaon Academy)를 설립하였다. 임 선교사가 4년간의 기다림 끝에 학교를 세우고, 5년 동안 힘써 운영할 때 오성연 장로가 포따온마을을 방문하게 된 것이다. 오성연 장로와 임남수 선교사의 만남을 통해 이곳에 대한 이야기가 또감사선교교회에 전해지게 되었다.

협력하여 이루는 하나님의 일

또감사선교교회의 선교 전략 중에 하나는 잘 차려진 상에 수저 하나 올리는 것이다. 새롭게 일을 시작하기보다는 가능성과 잠재력이 있는 사역에 동참하여 선교사의 일이 잘 진행되도록 돕는다. 실제로 협력 사역이 가져다주는 힘은 대단하다. 격려가 필요한 단체에게 힘을 더해주고, 재정이 부족해 일이 멈춘 곳이 새로운 힘을 받아 나아가는 모습을 많이 목격했다.

선교를 하다 보면 도움이 절실하게 필요한 사역지를 만나게 된다. 이 모든 것이 하나님의 섭리고, 인도하심인 것을 깨닫는다. 외진 곳에서 이름도 없이 주님을 섬기는 선교사를 볼 때면 그 모습이 얼마나 아름다운지, 마치 숨겨진 보석을 보는 것 같다. 그런 작은 영웅들과 함께 주님의 일을 협력할 수 있다는 것은 나와 우리 교회에 엄청난 축복이다. 임남수 선교사 부부와의 만남도 그러했다.

2005년 3월 30일 장도원 장로와 옥우원 선교부장이 포따온 아카데미의 졸업식에 참석하게 되었다. 졸업식에서 축사와 격려사를 맡은 장도원 장로는 "이곳의 모든 졸업생을 중학교로 진학할 수 있게 돕겠습니다"라고 발표했다. 졸업식에 참여한 학생과 부모 그리고 이웃들 모두에게 큰 기쁨의 선물이 되었다.

포따온마을에 초등학교가 설립된 지 10년 만에 졸업한 13명의 학생들은 서은철 선교사가 교장으로 섬기고 있는 임마누엘 미션 스쿨(Immanuel Mission School)에 들어갔다. 그리고 또감사선교교회는 그곳에서 가까운 곳을 빌려 학생들이 함께 기숙하도록 하다가 나중에는 카가얀 주에 200명을 수용할 수 있는 포따온 아카데미 기숙사를 건축해 준공 축하 예배를 드리게 되었다.

부모들은 문화와 상관없이 자신의 자녀들이 좋은 교육을 받는다는 사실에 감격하고 감사해 했다. 오지에서 태어나 처음 세상 밖으로 나온 아이들은 이제 새로운 세계에서 교육을 받으며 생활할 수 있게 되었다. 또감사 단기 선교팀과 계속적인 교류를 하며 그곳의 아이들은 많은 변화를 경험할 수 있게 되었다.

임남수 선교사가 오랜 기다림으로 그 지역 주민들에게 얻은 신뢰가 바탕이 되었기에 학교 사역 역시 또감사선교교회 선교팀과 만나며 더욱 활성화될 수 있었다.

매년 단기 선교팀이 들어가서 임 선교사와 아름다운 관계를 맺었고, 함께 세워져 가는 아이들을 보면서 기뻐할 수 있었다. 이 사역의 중심에는 항상 박종윤 장로가 있었다. 박 장로는 세 명의 아들을 둔 아버지라서 그런지, 그곳 아이들도 아버지의 마음으로 돌보았다. 그리고 그 열매는 하나님께서 하나님의 시간에 아름답게 받으셨고, 앞으로도 받으시리라 확신한다.

임남수 선교사가 우리에게 동역을 고마워하며 보내 온 선교 편지를 함께 나눈다.

하나님이 이끄신
또감사선교교회와의 만남

_ 임남수 선교사

우리가 또감사선교교회를 만난 것은 평생 잊을 수 없는 기억으로 남을 것이다. 2004년도 6월, 오성현 장로는 한동국제학교 학생의 부모인 서은철 선교사를 만나러 왔다가 같이 있던 나도 처음 보게 되었다. 함께 이야기를 나누는 중 마라나오 무슬림 마을인 포따온마을의 포따온 아카데미 이야기가 나오게 되었다. 당시 포따온 아카데미 스쿨은 설립한 지 6년 5개월이 되었고, 첫 번째 졸업을 몇 개월 앞두고 있었다.

이때 오성현 장로의 요청으로 포따온마을을 소개하게 되었고, 동행하면서 학교 설립이 어떻게 이루어졌는지, 어떻게 운영해 왔는지를 말했다. 그이후로 오성현 장로는 우리 학교에 두 차례 더 방문했다. 당시 우리는 심각한 문제에 직면하고 있었는데 그것은 학생들의 졸업과 진로에 관한 문제였다. 유치원을 포함해서 7년이라는 긴 시간을 사역해 왔지만 막상 졸업하면 그 다음 계획이 없었다. 어린아이들에게 복음을 전했지만 졸업하면 다시 무슬림인 부모들 밑으로 들어가게 되었다. 이러한 문제를 오성현 장로에게 말했을 때 그는 자신이 미국의 한 교회를 알고 있는데 말해 보겠다고 했다.

필리핀 포따온 아카데미 학생들

　얼마 남지 않은 졸업식에 그분들을 초청하고 싶다고 말씀드렸고 그것이 또감사선교교회의 첫 번째 방문이 되었다. 2005년도 2월에 미국에서 장도원 장로, 옥우원 집사, 오성현 장로 세 분이 방문했다. 그런데 장도원 장로는 졸업식에서 학생 전원을 카가얀에 데려가 공부를 시키시겠다고 선포했고 마을 사람들은 박수를 치며 감격했다. 주님께서 지금까지 복음으로부터 소외되고, 흑암 속에 덮여 있던 마라나오 무슬림 마을에 복음을 전하고자 또감사선교교회를 보냈다는 생각이 들었다. 그때부터 또감사선교교회는 이곳에 힘에 넘치는 지원과 분에 넘치는 사랑을 부어 주었다.
　포따온 사람들은 산속 깊은 곳에 사는 사람들이라서 환경이 열악하다.

필리핀 포따온 아카데미 졸업식

우리가 이 마을을 처음 방문했을 때 학교를 졸업한 사람이 하나도 없었다. 정부는 이들에게 학교를 세워 주지 않았다. 때문에 무지하고 가난하고 열악했다. 이곳의 학생들이 고등학교 공부를 하고 대학에 간다는 것은 상상도 할 수 없는 일이었다. 더구나 주의 복음을 듣고 하나님의 백성이 된다는 것은 전혀 예상할 수 없는 일이었다. 지구촌 한구석에 숨겨진 마라나오 사람들을 구원하기 위해 미국의 또감사선교교회를 사용하신 것이다.

기숙사를 운영하는데 필요한 재정은 또감사선교교회에서 전부 담당하였다. 학비부터 학생들의 숙식에 필요한 모든 비용을 담당한 것이다. 이는 참으로 놀라운 일이다. 하나님의 감동이 없이는 있을 수 없는 일이다. 이 마을 사람들은 참으로 엄청난 은혜를 입었다.

또감사선교교회는 재정 후원을 시작한 이래로 매년 이곳에 방문하여 포따온 초등학교에서 학년별로 복음을 제시해 주고 예체능 학업을 인도한다. 그리고 포따온마을을 비롯한 5개 마을 주민 체육대회를 개최하기도 했다. 가뭄이 들어 마을 주민들이 먹을 것이 없어 어려움을 당할 때 이들에게 식량을 공급해 준 것도 매우 고마운 일로 기억된다. 이곳 사람들도 자신들의 어려움을 도와준 것에 대해 아직까지 깊이 감사하는 마음을 가지고 있다. 또한 또감사선교교회 김광식 집사의 도움으로 시작된 협동조합 비료 프로그램도 이들에게는 수년간 큰 도움이 되었다.

이러한 도움과 활동은 그들의 마음을 열고 우리의 말에 귀를 기울이게 하는 큰 변화를 이루었다. 지금은 마을 안 학교에서 예배를 드리고 각 가정에서 복음을 전할 수 있게 되었다. 특히 이들에게 있었던 기독교에 대한 그릇된 선입관을 제거할 수 있게 되었다.

한마디로 포따온의 변화는 또감사선교교회가 이곳의 자녀들에게 공부할 수 있게끔 후원한 결과로 이루어졌다. 이는 한 마을의 변화를 넘어서서 인근의 무슬림까지 영향을 주어 자신의 자녀도 이곳에서 공부할 수 있게 해 달라고 요청해 왔다. 무슬림이 기독교인에게 자녀를 맡기는 경우는 매우 드문 일이다.

그리고 이곳 기숙사에서는 3, 4학년 학생들과 제자 훈련을 하고, 주님을 영접한 이들에게 세례를 준다. 귀신들린 학생을 위해 함께 기도하기도 한다. 학교에서 준비한 다양한 활동은 학생들이 주님을 영접하는 데 지대한 영향을 끼친다. 이 모든 일이 또감사 일꾼들이 와서 해낸 일이다. 또감사선교교회는 이곳 학생들이 사랑받는 존재라는 것을 깨닫게 했고, 자신들도 그리스도 안에서 한 가족이라는 생각을 갖게끔 했다.

태풍 '와시'가 카가얀데오로를 휩쓸고 지나간 뒤
또감사선교교회에서 보내 준 구호품은 한국인들의 위상을 높여 주었다

2011년 12월, 카가얀데오로에 슈퍼 태풍 '와시'가 덮쳤다. 이때는 우리 집도 물에 완전히 잠겼다. 사망한 사람이 1,100명 이상이었고, 실종자 또한 1,200명 이상이었다. 이때 또감사선교교회가 많은 구호품을 지원하여 시장도 감사하다는 말을 전했다. 트럭에 물품을 싣고 수재민 촌을 다니며 돕던 일은 정말 잊을 수 없다. 이로 인하여 한국인의 위상을 높일 뿐 아니라 선교사인 우리도 주민들에게 예수 그리스도의 사랑을 전하는 대사로 존중받게 되었다.

또감사선교교회와 함께한 사역을 통해 중고등학교 학생 180여 명이 이곳에서 공부했고, 이들 가운데 예수님을 영접하고 세례받은 이는 160여 명이다. 아이들 중 대학을 마치고 졸업한 학생이 1명, 현재 대학 공부를 하고 있는 아이들이 30명이다. 이 중 20명이 주일학교 교사로 헌신하고 있고, 졸업한 1명은 포따온 아카데미에서 교사로 일한다. 2015년에는 6명의 대학생이 졸업하여 포따온이나 다른 무슬림 지역으로 가서 복음을 전하며 헌신할 것이다. 이 대학생들 중에는 2명이 의학을 공부하고, 8명이 교육학을 전공하고 있다. 기계공학 전공이 1명, 화학과가 1명, 행정학과가 7명, 경찰대가 3명, 신문방송학과가 1명, 컴퓨터공학이 2명, 자동차과가 1명, 특수교육에서 4명이 공부하고 있다.

우리는 또감사선교교회가 나가는 선교지마다 사람들이 세워지고, 흑암의 세력이 물러가 절망하던 사람들이 그리스도를 발견하게 될 거라 확신한다. 또한 주께서 앞으로 더욱 아름답고 크게 사용하시길 기도한다.

중국 도문을 첫사랑으로 시작한 또감사선교교회의
선교행전은 성령의 이끄심을 따라 세계로 확대되고 있다.

Part 3

선교
행전

ITOKAMSA
MISSION CHURCH

chapter 1

첫사랑이 된
중국 도문

또감사선교교회에게 첫사랑과 같은 선교지는 중국 도문이다. 이곳은
선교 사역을 같이한 대부분의 리더에게 처음으로 사랑의 마음을 느끼
게 한 곳이기 때문이다. 또감사선교교회가 시작되기 전부터 단기 선교
팀은 중국을 집중해서 섬겨 왔다. 사역의 중심은 중국 변방에 살고 있
는 조선족 아이들이었다. 대부분 아이들은 어머니가 일하기 위해 한국
으로 떠난 상태였기에 할머니(아버지)와 같이 살고 있었다. 엄마의 품
이 그리운 아이들에게 선교팀이 다가가 함께 놀아 주면서 하나님의 사
랑을 전했다. 그렇게 2주일의 시간이 지나고 마지막 날이 되면 선교팀
이 떠날 때 아이들은 울면서 버스를 가로막곤 했다. 헤어질 때마다 아
이들도 울고, 단기팀도 울고…. 각 팀마다 흩어져서 사역했지만 가는

곳마다 눈물바다인 것은 동일했다.

제자는 현장에서 만들어진다

선교팀이 여러 지역으로 나누어져 섬기다가 주일이면 모두 함께 모여 예배를 드렸다. 그 당시만 해도 아주 엄격하게 복음 전하는 것을 경계 하는 상황이라서(지금도 마찬가지이지만) 찬양을 부르고, 말씀을 듣고, 간증하며 드려지는 예배는 감격 그 자체였다. 예배가 없는 곳에서 예 배를 사모하는 하나님의 사람들이 모인 곳에는 세상이 줄 수 없는 기 쁨과 감격이 넘쳤다. 단기 선교를 통해 성도들은 선교의 맛을 알아 가 기 시작했고, 사업과 이민 생활로 찌든 심령이 하나님 나라의 가치관 으로 변하는 시간이었다.

또감사선교교회의 성도들은 선교에 동참하면서 세계관이 바뀌는 역사를 경험했다. 한 성도는 단기 선교가 끝나고 간증하는 시간에 말 했다.

"제가 왜 사업을 해야 하는지 명확하게 알게 되었습니다."

그런데 그 이후로도 동일한 고백이 수없이 이어졌다. 제자는 교실에 서 만들어지는 것이 아니라, 현장에서 만들어짐을 확신한다. 나는 수

중국 도문시는 또감사선교교회에게 첫사랑과 같은 선교지이다
(초창기 중국 선교 모습)

많은 사람이 선교에 동참하면서 주님의 제자가 되고, 주님의 사람으로 만들어지는 것을 보았다. 한때는 LA 공항에서 단기 선교팀이 떠나기 전에 줄을 서서 담배를 피우고(선교지에서는 담배를 삼가는 규정 때문에) 비행기에 오르기도 했다. 그런데 다녀와서 어떤 성도는 줄을 서서 피우던 그 담배가 마지막 담배였노라고 이야기했다.

우크라이나에 단기 선교를 갔을 때도 비슷한 일이 있었다. 자니김 집사가 교회를 다닌 지 얼마 되지 않을 때였다. 그는 우크라이나 단기 선교팀에 합류해 집회하는 모습을 사진에 담아 마지막 시간에 볼 수 있도록 작업하는 일을 맡아 주었다. 그런데 젊을 때부터 피우던 담배를 갑자기 끊는 것은 어려운 일이었다. 그렇다고 담배를 피우면서 그

작업을 할 수는 없고 해서 난감한 시간을 보내게 되었다. 그는 당시 내 옆방을 사용하고 있었다. 밤늦게까지 편집 작업을 하다가 밖에 나가서 담배를 피우고 돌아오다 문 앞에서 나와 딱 마주쳤다. 순간 냄새를 맡고 바로 알았지만 그가 미안해할까 봐 모르는 척했다. 그런데 그 작은 일이 자니김 집사에게는 큰 부끄러움이 되었던 것 같다. 선교지에 와서 작은 것 하나도 절제하지 못하는 자신의 모습에 부끄러움을 느끼고, 그 뒤로 평생 피던 담배를 끊고야 말았다.

아이팟 전도사 자니김 집사

자니김 집사는 지금 수많은 사람에게 주님의 사랑을 전하는 일에 앞장서고 있다. 한때 자니김 집사는 가톨릭 신부가 되는 것을 꿈꾸기도 했었는데, 교회에 나오면서 주님의 왕 같은 제사장이 되어 섬기고 있다. 그분에게는 여러 가지 별명이 있는데, 그 중에 하나가 "아이팟 전도사"다. 그는 애플 제품을 정말 좋아해 주위 사람들에게 선물하곤 했다. 그리고 나중에는 그 아이패드로 선교사를 섬기고, 주님의 사랑이 필요한 분에게 격려하는 도구로 쓰기도 했다,

우리 교회 성도 중에 김지영 자매가 있다. 오래전 일인데 김지영 자매의 부모가 한국에서 교통사고를 당해 병원에 입원하게 되었다. 그때 내가 한국에 방문할 일이 있어 자니김 집사가 사 준 아이팟과 스피커

를 가지고 병원에 가서 기도해 드렸다. 그러곤 병원에 있을 때 찬송과 성경을 많이 들으시도록 아이팟을 전해 드렸다. 교회를 다니지 않는 분이었는데, 자니김 집사의 아이팟 선물로 인해 마음이 많이 열려 그 일 뒤 바로 교회에 다니며 신실한 성도가 되었다.

단기 선교를 끝내고 미국으로 돌아오는 비행기에서 있었던 일이다. 교회 생활을 시작한 지 얼마 안 된 성도가 단기 선교를 처음 참석한 뒤, 자신이 하나님의 도구가 되어서 선교에 동참했다는 사실이 너무 감격 스러워 축배를 들고 있었다. 이민 와서 돈 버는 일에만 몰두하며 살아 왔는데, 단기 선교를 통해 자신이 누군가에게 도움을 준 것이 너무 기뻐서 돌아오는 길에 축배를 들었던 것이다. 나도 그 성도와 함께 하이 파이브를 하고 싶었다. 그것보다 더 감격스러운 일이 어디 있을까! 마른 나무 같은 우리의 인생에 주님이 찾아와서 구원해 주신 것만으로도 감격스러운데, 주님의 도구가 되어서 복음을 전했다는 것이 얼마나 은 혜로운 일인가 말이다. 주님도 그 성도와 함께 기뻐하셨을 것이다.

어설프고 훈련이 안 된 성도들의 이런 모습들이 오롯이 담겨 있는 중국 단기 선교는 또감사선교교회의 첫사랑과 같았다. 나와 성도들은 고아와 같은 조선족 아이들을 만나면서 하나님의 마음을 조금씩 깨닫 게 되었다. 부모가 없이 할머니 손에서 자라는 아이들처럼, 영적인 아 버지가 없이 살고 있는 인류에게 유일한 소망은 그 영적인 아버지를 만나는 일밖에 없다는 사실을 우리는 깨닫고 있었다.

선교는 성도를 훈련시킨다. 선교는 선교지에만 도움을 주는 것으로 끝나지 않는다. 하나님의 더욱 큰 관심은 선교에 참여하는 사람들에게 있음을 깨달았다. 그리고 선교지에 가면 하나님은 선교하는 교회에 관심을 가지고 계심을 선명하게 느끼게 된다. 또한 우리와 함께하겠다는 그분의 약속이 더욱 피부로 느껴진다.

주영덕 장로와 오성연 장로의 인터직업학교 이야기

IMF를 지나면서 한국에서 파송을 받은 한인 선교사들을 섬기고 그들의 자녀에게 필요한 것을 보게 되었다. 그리고 선교사 자녀들이 다니는 한동국제학교를 섬기면서 인터직업학교를 중국 도문에 세우게 되었다. 이 사역의 시작을 위해 장도원 장로와 오성현 장로가 섬겨 주었고, 이 사역이 잘 진행되도록 돕는 일에 주영덕 장로가 함께해 주었다.

2004년 1월, 오성연 장로는 장도원 장로와 옥창호 집사(현재 장로)에게 중국 도문에 방문할 것을 권유했다. 오성연 장로는 도문에서 영어 학원을 운영하던 박경애 선생과 토론토 큰빛교회(담임 임현수 목사)의 파송 선교사로 도문에 머물러 있던 신영성 선교사를 만나게 되었다. 그리고 그 자리에서 도문에 인터직업학교의 첫 그림을 그리게 되었다.

같은 해 2004년 5월, 장도원 장로와 옥우원 집사(현재 장로), 옥창호 집사는 도문에 방문해서 박송렬 도문시장과 오성연 장로, 신영성 선교

조선족 청소년을 섬기기 위해 중국 도문시에 설립한 인터직업학교

사, 박경애 선생과 미팅을 하게 되었다. 그리고 그 미팅에서 박송렬 도문시장에게 인터직업학교를 제안하게 되었다. 피부미용과 전자기기수리과, 치과기공과, 임상병리학과, 영상(사진)과, 자동차정비과, 태권도과 등 고등학교 과정에 들어갈 전업 과목과 학습 과목에 대해 이야기를 나눴다. 입학 대상자는 중학교 졸업자로 중국에 거주하는 조선족남녀 청소년이었다. 교사는 한국인 교사와 현지인 중 교사 능력을 소유한 자로 정했다.

시장에게 요구한 조건은 졸업생에게 중국 정부가 발급하는 고등학교 졸업장을 수여할 것과, 기술 교육 훈련을 한국인 교사가 담당하는것, 한국인 교사의 신분 보장(체류 visa)을 제공할 것, 중국 정부가 허가

한 정규 고등학교로 인정하는 것이었다. 이 제안을 들은 박송렬 도문 시장의 답은 불가능하다는 것이었다.

> "외국인 교사가 가르치는 학교 학생에게 중국 정부 졸업장을 수여하는 것은 불가능하며, 그런 사례가 없습니다."

하지만 박 시장은 공업 기술 전업(기계, 전기, 화공, 건축, 토목)은 도문 시민에게 유익하므로 관심이 있다고 했다. 그때 오성연 장로는 이렇게 답했다.

> "저희 제안을 수용할 수 없다면 우리를 환영하는 다른 지역으로 가겠습니다. 승인이 어려운데 구태여 힘들게 진행할 필요는 없지요. 모두 이 지역 청소년을 위한 봉사 활동인데 환영하지 않는 선물을 드릴 수는 없으니까요. 이 사업을 원하는 다른 지역이 중국에 많습니다."

선교를 하다 보면 하나님께서 순간순간 지혜를 주시고, 상황에 따라 대처할 말도 입에 넣어 주시는 것을 경험한다. 이때 주님께서 오성연 장로에게 지혜를 주셨다고 생각한다. 박 시장은 설명을 더 듣기 원했고, 결과적으로 허락을 받아 인터직업학교를 시작할 수 있게 되었다.

수준 있는 직업학교를 통해 지역사회에 기여하고자 했던 순수한 마음으로 학교는 준비되었고, 훈련받은 학생들을 많이 배출하는 귀한 일을 감당했다. 중국 도문시 인터직업학교는 '길림성 직업학교 제1호 국제학교'로 허락받았다.

2008년 9월, 우즈베키스탄에 살고 있는 고려인 청소년 10명을 학생으로 받았다. 학생들에게 한국어, 중국어, 컴퓨터를 집중해서 가르쳐 훗날 우즈베키스탄으로 돌아가 하나님의 나라를 건설하는 일에 기여할 수 있도록 돕고자 하는 마음이었다. 아직도 생생하게 기억이 나는 것 하나는 이 아이들을 인터직업학교에 입학시키기 위해 또감사선교교회 리더들이 방문했을 때였다. 10명을 뽑는 자리에 더 많은 학생이 면담을 받으려고 면접장에 모였다. 인터뷰를 해서 10명만 데리고 가야 하기에 몇몇을 떨어뜨려야 하는 상황이 너무 마음 아팠다. 면접 온 아이들이 모두 똑똑하고 명확하게 자신의 미래에 대해서 말하는 모습을 보면서 안타깝던 기억이 생생하다. 결국 2008년에서 2012년까지 우즈베키스탄 고려인 청소년 37명이 유학하게 되었다.

외국인 교회도 허가받다

우즈베키스탄에서 온 고려인 청소년들이 인터직업학교로 유학온 것을 계기로 외국인 교회도 허가를 받게 되었다. 도문시 종교국에 신청하여 시청 소수 민족부가 지정한 장소에서 1년 동안 약 35명이 모여 주일 예배를 드렸다. 연길에서 최 목사 부부가 매주 도문에 방문하여

직업인터학교에서 공부하는 우즈베키스탄의 고려인 청소년 학생들과 함께

설교와 양육을 담당하였다. 외국인 교사와 가족, 우즈베키스탄 유학생 총 35명이 참석하여 예배와 친교로 함께 모였다. 현지인 학생들이 참석하지 못하는 게 큰 아쉬움으로 남았다. 이 과정을 겪으면서 경험한 것을 오성연 장로는 이렇게 말했다.

"주중에는 현지인 교사와 외국인 교사가 가족처럼 생활하다가 주일이면 영적 교류나 마음을 나누는 자유로운 교류가 없어져 매우 이질감이 생겼습니다. 특히 우즈베키스탄 유학생은 어려운 중국 벽촌 생활을 하며 오직 교회에서 위로를 받았습니다. 이 때문에 학교 공동체가 약화되었습니다. 신앙생활은 '한 몸'을 방해하는 어떠한 것도 진리가 될 수 없음을 인터직

선교는 한 곳에서 시작되었지만, 시간이 지나면서 꼬리에 꼬리를 물 듯 우리가 생각하지 않은 곳에 도달했다. 조선족을 위한 직업학교의 시작이 고려인들을 섬기게 했고, 고려인들을 위한 교회로 발전하면서, 예상치 못했던 하나님의 인도하심 속에서 영적인 교훈을 경험했다. 오성연 장로가 고백한 것처럼 신앙생활의 '한 몸'에 대한 교훈을 얻은 것이다.

도문 가정교회가 도문 시내에 있는 삼자교회(약 600명의 중국인과 조선족이 다니는 교회) 건물로 이전하였다. 삼자교회 3층에 예배 장소를 배정받아 피아노, 에어컨, 의자 등 교회에 필요한 용품을 모두 갖춘 신앙 활동 모임 장소를 갖게 된 것이다. 첫 번째 사역자였던 최 목사가 중국 정부에 알려지는 것을 원하지 않아서 사임하고 두 번째 사역자로 임갑순 선교사 부부가 취임했다.

또감사선교교회에서 파송받아 고려인 아이들을 섬기고자 떠난 임 선교사 부부는 열정을 다해 아이들을 돌보았다.

임갑순 선교사는 명문대에서 2개의 공학 박사 학위를 받은 분이다. 30년 넘게 한국 원자력 분야에서 탁월한 업적을 남기면서 국가의 에너지 분야를 세계적인 수준으로 끌어올린 과학자 출신이다. 뒤늦게 부르심을 받아 신학를 공부하고, 60대에 플로리다 주 변두리에 있는 호수에서 10명 남짓한 분들과 교회를 시작했다. 늘 금식 기도를 하는 임

외국인 학교에서 외국인 교회로

갑순 선교사는 교회를 아름답게 성장시켰다. 7년 만에 성전을 구입해
사역하다가 10년째 되는 해에 젊은 후임에게 은혜롭게 자리를 이양했
다. 그리고 중국으로 두 번째 부르심을 받아 도문에서 고려인 학생들
을 섬기게 되었다.

임갑순 선교사가 도문에서 고려인 학생들을 위해 목회할 때, 유의찬
목사와 함께 임갑순 선교사 부부를 만나러 도문에 방문한 적이 있다.
성냥갑처럼 작은 아파트에서 사는 노년의 선교사 부부는 매일 같이
35명의 학생들을 섬기고자, 하루에 긴 시간을 설교 준비와 기도로 쓰
고 있었다. 목요일에는 월요일부터 장시간 준비한 설교를 그들의 언어
로 번역해서, 한 말씀이라도 놓치지 않게 하려고 노력했다. 도문을 방

문했을 때, 주일을 맞이해서 함께 예배를 드리면서 말씀을 전할 기회가 있었다. 그 예배는 어떤 예배보다 은혜가 넘쳤다.

하나님은 임갑순 선교사 부부를 사용하셨다. 그들이 고려인 학생들에게 끼친 영향과 그들의 가슴에 새겨 준 하나님의 말씀은 하나님의 때에 아름답게 열매를 맺게 될 것이다. 임갑순 선교사에게 지난 중국 도문 사역을 돌이켜 보는 글을 부탁했다. 글을 읽으며 그동안 나도 미처 알지 못했던 도문 사역의 숨은 은혜가 그대로 전해졌다.

사랑의 흔적

_ 임갑순 선교사

우리 부부는 2009년 12월 말, 선교 후보 지역인 중국 도문을 답사하고 돌아왔다. 날씨가 매우 추웠는데. 유독 두만 강 쪽에서 시내로 불어오는 바람이 매섭다는 느낌을 받았다. 2010년 1월 말, 또감사선교교회는 우리를 중국 선교사로 파송했다. 70이 다 된 나이에 선교에 자원한 우리를 최 목사를 비롯한 온 성도는 많은 기도로 후원해 주었다. 도문은 우리에게 선교의 초행길이었다. 이 길에 동북아시아 지역 선교 책임자인 주영덕 집사가 동행해 주었다. 지나고 보니, 선교 초행길은 참으로 따스한 배려와 돌봄으로 가득 찬 길이었다. 주 집사는 마치 시집가는 딸이 가마 타고 신랑 집까지 가는 동안 동행하듯이, 우리를 LA 공항에서부터 인천과 중국 연변을 거쳐 목적지인 도문에 이르기까지 데려다 주었다.

사랑의 불을 옮겨붙이는 사역

도문에 도착하니 날씨는 1개월 전보다 훨씬 더 춥고 바람도 매서웠다. 이 추운 날씨에 주 집사는 가벼운 외투만 걸친 채, 강추위를 아랑곳하지 않고 도문 시내를 누비며, 우리가 묵을 숙소와 살림살이, 두꺼운 방한복과 내

복까지 장만해 주었다. 또 우리가 사역할 학교와 도문 삼자교회 관계자들을 모두 만나게 해 주었다. 그러고는 추운 날 새벽에 훌쩍 떠나갔다.

주 집사가 떠나자 친정아버지가 가신 것 같았다. 다음날 우리 부부는 깜깜한 새벽 어둠 속에서, 두만 강가에 우뚝 선 삼자교회에 나갔다. "선교는 기도! 선교는 전쟁! 선교는 순교!"라는 우리의 각오를 실천하기 위함이었다. 강바람은 얼굴을 들 수 없도록 세게 불어 댔다. 교회 안으로 들어가면 얼어붙은 몸이 녹을 것인데, 아무리 열쇠로 열어도 교회 출입문은 열리지 않았다. 그렇다고 새벽 기도를 포기할 수는 없었다. 교회 안으로 못 들어간 우리는 그냥 세찬 바람이 몰아치는 돌계단에 앉아서 간절히 기도를 드렸다. 또감사선교교회와 주 집사가 우리에게 남겨 준 따뜻한 사랑이 이곳 선교에 커다란 불씨가 되게 해 달고 기도했다. 그때 한 음성이 들렸다.

"몸이 추울 때 마음의 불을 붙여 주고, 마음이 추울 때 영혼의 불을 붙여 주고, 영혼이 추울 때 성령의 불을 붙여 주라!"

우리 주님이 제자들에게 남긴 불, 또감사선교교회 리더들이 퍼 옮기는 그 따스한 사랑의 불을 우리도 심령에 가득 채워서, 이 추운 지역에 선교의 불을 뜨겁게 옮겨붙이라는 음성 같았다. 영, 혼, 육이 모두 꽁꽁 얼어붙은 것 같은 이곳에서 한 영혼 한 영혼에게 따스한 주님의 불을 옮겨붙이도록, 우리를 꺼지지 않는 사랑의 촛불이 되게 해달라고 기도했다. 그리고 어떤 강추위라도 뚫고 새벽에 나와서 주님께 부르짖자고 다짐하며 집으로 돌아왔다.

우리 부부가 담당한 선교 사역은 우즈베키스탄에서 이곳으로 유학 온 학생들에게 복음의 불이 뜨겁게 타오르도록 하는 것이다. 그동안 이곳 유학생들은 중국인들처럼 지하 교회에 나가 숨어 예배를 드렸다. 정식 목회자도 없이 예배를 드리는 과정에서 학생들의 영성이 자라지 못하고, 외국인 선생들의 영성까지 식어가는 것을 알게 된 학교 이사회는 이곳 종교국에 공문을 보내 "외국인들에게 개방된 도문 삼자교회에서 한국어로 예배 드릴 수 있게 허락해 달라"고 요청해 우리 부부가 외국인을 상대하는 최초의 목회 선교사로 오게 된 것이었다.

우리는 우즈베키스탄에서 유학 온 30명 미만의 학생들과 외국인 교직원 10여 명을 지상 교회인 삼자교회로 인도하였다. 온몸과 마음으로 찬양을 드리고, 오직 예수와 십자가만 선포되는 복음의 말씀을 전해 성령 충만한 예배의 세계로 인도하는 것이 우리 부부가 할 일이었다. 유학생들에게 뜨거운 신앙의 불이 붙어서 이들과 함께 공부하는 중국인 학생들에게 그리스도의 선한 영향력을 끼치게 해 달라고 기도했다. 아내는 찬양의 불을 붙이고, 나는 말씀의 불을, 부부가 함께 기도의 불을 붙이는데 전심전력하기로 했다.

찬양의 은혜로 얼굴이 밝아지는 아이들

우리가 도문에 온 첫 번째 주일, 학생들이 마음껏 기타와 드럼을 치며 찬송하는 예배에 주 집사가 참석해 대표 기도를 맡아 주었다. 주 집사는 찬양의 불이 더 뜨겁게 타오르도록, 찬양 인도하는 인원을 4명에서 8명으로 늘릴 수 있게 도와주었다. 최신 전자 기타 시설과 마이크 시스템을 보강시켜 준 것이다. 이것이 계기가 돼 유학생 전체가 찬양의 은혜에 흠뻑 빠지게 되었다. 또한 유학생들이 서로 기타 실력을 더 쌓으려고 연습을 거듭해서 짧은 기간 안에 찬양의 은혜를 사모하게 되었다.

이러한 찬양을 통해 유학생들은 그동안 낯선 땅에서 받았던 서러움과 학교 공부하며 쌓인 스트레스를 다 날려 버리는 것 같았다. 이들의 표정은 시간이 갈수록 찬양의 은혜로 밝아졌다.

선교 사역에 전념하는 내게 학교는 유학생 기숙사에서 학생들을 돌보는 새로운 사역을 요청했다. 학생 기숙사에서 유학생들을 돌보는 외국인 사감의 임무였다. 유학생들이 낯선 이국땅에서 순간순간 부딪히는 어려운 일이 많기 때문에 밤낮으로 이들과 함께 지내며 돌봐 줄 외국인 사감이 필요했다. 도문에 오기까지 주영덕 집사로부터 자상한 돌봄을 받은 나는 사감 사역에 기꺼이 동참했다. 그런데 유학생을 위한 사감으로 일하는 것은 엄청난 체력을 요하는 일이었다. 이른 새벽 학생들이 잠자리에서 눈뜨기 전에 학교에 와서, 밤에는 학생들이 잠드는 10시까지 학교에 있어야 하기 때문에 밤 10시 30분 안에는 집에 올 수가 없었다.

나는 돌봄 사역이 힘들어도 이게 내가 질 십자가라고 생각했다. 그런데 나이 많은 내게는 체력이 부족했고, 온몸에 면역력이 떨어져 한 번 들어온 감기가 독감처럼 떠나질 않았다. 나는 중국식 한방병원에 가서 링거주사를 맞으며 버텼다.

하나님의 섭리

그러던 어느 날 중국 학생 담당 사감이 학교를 떠나면서 나의 사감 사역은 이중 삼중으로 확대되어 더 이상 견딜 수가 없는 지경에 이르렀다. 이때서야 비로소 나는 사감이란 사역은 고도의 전문성과 노련한 경험이 꼭 필요함을 알게 되었다. 그런데 주님께서는 급작스러운 한 사건을 통해 이 사역을 내려놓게 하셨다. 내가 당국에서 추방 권고를 받고 도문을 떠나게 되었던 것이다.

우리 교회 유학생과 성도들이 그토록 꿈에 그리던 백두산 관광을 떠나는 날이었다. 나는 깜깜한 새벽에 버스에 올라 문을 안에서 닫은 뒤 성경 말씀을 읽고, 어린 성도들이 안전하게 돌아올 수 있도록 간절히 기도하고 내려왔다. 그런데 이것이 "공공연하게 공개된 장소에서 드린 예배 행위"라는 죄목이 되어 공안 당국에 불려갔다. 그것도 당일이 아닌 한 달 후에 말이다. 나중에 알고 보니 버스에 미리 와서 앉아 있다가 내가 성경을 읽고 기도하는 모습을 본 귀한 집 아들 두 명이 있었다. 그들이 관광을 다녀와서 무심코 내 이야기를 한 것이 문제가 되어 공안국에 호출된 것이었다.

불려가 보니 공공연한 예배 행위 외에 "이력서 허위 작성"이라는 또 한 가지 죄목이 나를 기다리고 있었다. 나는 도문에 들어올 때 이력서를 간단하게 기록했다. 그러다 졸업식 때 "이 사람은 일찍이 미국에 유학하여 박사학위를 받고 한국에서 원자력 연구로 일생을 바친 과학자인데, 말년에 신학까지 공부해 우리 학교에 와서 여러분을 돕고 있습니다"라고 나를 공개적으로 소개한 것이 말썽이 된 것이다. 결국 나는 "강제 추방이 아닌 추방권고 사항으로 처리하니, 반드시 일주일 이내에 이곳 도문을 떠나라"는 명령을 받게 되었다. 하지만 우리 부부는 훗날 다시 파송을 받아 도문으로 돌아왔다.

나는 선교지로 오는 초행길을 동행해 준 주영덕 집사를 통해 자상하고 세심한 배려를 받으면서 내가 전하는 복음의 메시지에 그 사랑이 나타나야 한다는 사실을 깨닫게 되었다. 관심과 배려는 물질 후원으로도 나타났다. 주 집사는 일부러 시간을 내서 도문을 방문하면 "교회에 필요한 것이 없나요?"라고 항상 물었다. 덕분에 유학생과 성도들은 백두산 관광과 훈춘 빵공장 여행을 할 수 있었다. 그리고 주 집사는 유학생과 외국인 교직원 모두가 함께 졸업식 합창을 하도록 후원해 주었다.

하나님만 의지하라고

아브라함은 하나님께 전적으로 순종하면 순종할수록 더 큰 복을 받았는데, 선교하는 사도 바울은 하나님께 순종하면 순종할수록 계속 고난만 받았다. 최전방인 선교지에서 선교의 영성이 바닥나지 않도록 고난을 통해 그리스도의 장성한 분량에 이르도록 하기 위함이다. 고난을 받으면 더욱 하나님만 의지하게 되기 때문에, 우리에게도 이 섭리가 적용되고 있다고 고백한다.

도문에서 추방 권고를 받고 돌아와 정말 힘든 시간을 보냈다. 계속된 선교 사역 중에 뇌졸중과 심장 질환을 겪고, 아내는 심장과 폐 기능을 정지시킨 6시간의 대수술을 받는 고난이 겹겹이 뒤따라 왔다. 하지만 우리 내외를 특별히 사랑해서 주는 고난이기에, 그저 감사할 뿐이다. 이게 다 선교적 교회의 사명을 다하는 또감사선교교회의 선교 대열에 동참한 결과, 상급으로 주시는 주님의 사랑이자 흔적이기에 더욱 감사를 드린다.

chapter 2

순교지가 된
A국과 P국

선교를 하면서 우리에게 일어난 가장 큰 변화는 가치관의 전환이다. 그 누구보다 우리 자신이 제일 많이 성장하는 것을 보게 된다. 그래서 때때로 "선교는 이기적이다!"라는 생각이 들 때도 있다. 선교지에 있는 하나님의 사람들을 섬기기 위해 가기보다, 나 자신을 위해 선교하는 것이 아닌가 하는 생각이 들 때가 적지 않아서다. 선교에 참여하면서, 영적인 성장을 요구하는 하나님의 마음을 깨닫게 된다. 성장하지 않고는 선교하는 삶에 동참할 수가 없고, 선교적 삶은 한 순간도 주님과 동행하지 않으면 갈 수 없는 길이기 때문이다. 아니 가서는 안 될 길이기 때문이다. 그래서인지 선교적 교회를 감당하는 성도들은 꾸준히 성장한다. 특히 리더들은 주님의 마음을 더욱 깊이 깨닫고 성장한다.

하나님의 관심은 선교에 있지만, 우선적으로 선교에 참여하는 우리에게도 있다는 것을 알게 된다. 그래서 종종 "하나님은 또감사선교교회를 어디까지 준비시킬까?"라는 생각을 한다. 내게 주신 답은 "선교적 삶이 이끄는 순교"였다. 간혹 단기 선교에 참석하는 성도들이 이런 질문을 한다.

"우리가 과연 순교할 수 있을까?"

나는 그럴 때면 이렇게 답한다.

"우리가 그 정도 영적 수준은 아닌 것 같습니다!"

그리고 내 자신을 돌아보면서 "아직 멀어도 한참 멀었다!"라는 생각을 한다. 내 마음에 있는 두려움과 순교를 할 정도로 강한 믿음이 없는 것을 발견하게 되기 때문이다. 하지만 주님께서는 선교적 교회를 감당하는 공동체를 순교자로서 준비하고 있다고 믿는다.

가난한 나라 아이들에게 학교를 세워 주자

또감사선교교회는 한동대학교 안에 세워진 선교사 자녀 학교를 시작으로 학교에 대한 열정이 커져 다른 나라에도 학교를 세우자는 비전을 가지고 전진했다.

오성연 장로는 2003년 11월 10일 A국 B지역에 있는 국제 협력 담당자를 만나 자녀 교육에 대한 자료와 국제 협력 업무 설명에 대한 자료를 수집하면서 K선교사 부부를 만나게 되었다. K선교사는 훗날 또 감사선교교회의 파송 선교사가 되어 A국과 P국을 섬겨 주었다. 우리가 어려운 선교 지역이라 느끼는 곳에서도 하나님은 귀한 사람들을 준비하고 계셨다. 25년 동안 이어진 내전으로 황폐한 땅이 된 A국에 하나님은 당신의 사람들을 심어 놓았다. 하나님은 황폐한 곳에도 찾아가는 분이다. 회복이 필요한 곳, 눈물이 마르지 않은 곳에 가기를 기뻐하신다. 그곳을 회복시키고 도움을 주며, 흘린 눈물을 닦아 주신다. 하나님이 그 땅에 보낸 K선교사 부부는 2002년 B지역에 도착해 그 지역 대학교의 역사학 교수인 호마윤 박사 집에서 머물며 우두어를 배우고 있었다. 호마윤 박사는 K선교사와 또 다른 기독교인들을 만나면서 이슬람에서 기독교로 개종하게 된다.

오성연 장로와 K선교사가 만나 함께 삶을 나누면서, 선교적인 열매를 갈망하고 나아가는 시발점이 되었다. K선교사는 H족에 대해 특별한 마음이 있었다. H족 집단 거주지인 J마을을 방문해 그곳에 또감사선교교회와 함께 초·중등학교를 설립했다. J마을은 B지역 공항에서 자동차로 약 8시간 떨어진 곳인데 해발 3,000m에 위치해 있다. 약 30만 명이 사는 H족 집단 거주지인데, 이들은 몽골계 후손으로 한국 사람과 비슷한 눈을 가진 이들이 많다. 그래서 그런지 개인적으로 친근하게 느껴지기도 했다. J마을의 H족 초등학교는 모두 천막이어서 눈이 내리고 기온이 떨어지는 10월 말이면 방학해 이듬해 3월이 되어야 개학할 수밖에 없는 상황이었다. 학교 설립은 이곳 아이들에게 소망을

H족 아이들을 위해 초 · 중등학교를 설립하다

주는 일이었다. H족 리더들은 학교 설립에 큰 관심을 보였다. 오성연 장로는 H족을 찾아가 현지 지도자들에게 이렇게 물었다.

"나는 그리스도인이며, 기독교 장로입니다. 학교 설립과 운영에 대하여 여러분의 생각을 듣고 싶습니다. 이 지역 학교 설립을 위한 재정적인 후원자는 모두 그리스도인입니다. 이러한 사람들과 협력해도 무슬림인 여러분은 괜찮은가요?"

"문제없습니다. 학교를 설립하기 위해서라면 그리스도인과 협력할 수 있습니다."

아이들을 향한 사랑의 마음은 종교의 장벽을 넘어 전달되었다
(J마을에서 진행된 학교 공사)

이 말에 오성연 장로는 학교 설립과 운영 참여에 대해 몇 가지 조건
을 내걸었다. 하지만 학교 설립하는 과정에서 우선적으로 아이들에게
좋은 환경과 혜택을 주고자 한다는 그 마음이 전달되었기에 부모들은
종교가 달라도 그 마음을 받아들였다. 사랑의 마음이 정확하게 전해지
니 어떠한 조건도 문제가 되지 않았다. 사랑은 하나님이 만드신 세계
공용어였다.

그렇게 해서 A국에 학교가 설립되고, A국 사역도 활발하게 진행되
었다. 또감사선교교회의 리더들은 그 당시 A국의 대통령에게 초대받
아 만나서 앞으로의 사역을 논할 정도였다.

하나님의 일에 민감하게 동행하는 것뿐

그러던 중 A국에서 샘물교회 단기 선교팀이 탈레반에 납치되는 사건이 생겼다. 그때 한국 여권을 가지고 있던 K선교사 부부도 어쩔 수 없이 A국을 떠나게 되었다. 샘물교회 일이 생겼을 때 또감사선교교회 단기 선교팀도 A국에 있었다. 분위기가 좋지 않은 상황이라 대부분 사람들은 철수하고 장도원 장로와 옥우원 선교부장이 A국으로 향했다. 그리고 이들이 많은 일을 수습하고, 샘물교회의 단기 선교팀을 빼오는 주님의 도구로 사용되기도 했다.

그 일로 K선교사는 A국에서 하던 사역을 잠시 접고 P국으로 이동하게 되었다. 하나님은 선교의 문을 여실 때가 있는가 하면, 때로는 닫으실 때가 있다. 우리에게 필요한 것이 있다면, 우리의 힘으로 문을 열고 닫으려는 것이 아니라, 단지 하나님의 일에 민감하게 동행하는 것뿐이었다.

K선교사는 P국에서, A국에서 사귀었던 한 형제를 만나게 되었다. 그 형제를 통해 P국의 유일한 기독교인 장관인 사바드 바티 장관을 만나 교제하게 되었다. K선교사는 바티 장관과 짧은 시간에 깊은 영적 교류를 가지며 친형제처럼 지내게 되었다. K선교사의 소개로 바티 장관과 친분을 갖게 된 또감사선교교회는 P국이 2010년 홍수로 어려움을 겪을 때 도움을 주었다.

홍수 사건이 있은 뒤 바로, 교회는 부활 주일을 맞이했다. 리더들은 부활 주일에 드려지는 헌금을 홍수로 어려움을 겪는 P국을 위해 쓰기로 결정했다. 교회학교 아이들도 다 함께 동참할 수 있도록 광고했고, 그해 부활 주일에 드려진 헌금은 130만 달러에 가까웠다. 그 전액을 P국에 보냈고, 리더들은 구호품을 구입해 P국으로 향했다. 리더들은 P국의 수도에 도착해서 사바르 바티 장관 사무실에서 함께 기도하며 교제하는 시간을 갖고 홍수 피해 지역을 돌아보았다.

긴 시간 동안 피해 지역을 오가면서, 어려움에 처한 사람들의 손을 붙잡아 주는 것이 얼마나 큰 격려인지 배울 수 있었다. 대부분 무슬림이었는데 우리를 보고 이렇게 말했다.

"무슬림 장관은 한 분도 우리를 찾아와 주지 않았는데, 기독교 장관님이 우리를 찾아와 주셨다!"

그 여정을 통해 우리가 받은 복이 있었다면, 그분의 차 뒷좌석에서 바티 장관과 긴 시간 대화한 것이다. 우리가 어떻게 예수님을 만났는지, 그분은 우리 삶의 어떠한 분이신지를 끊임없이 증거하며 나눌 수 있었다.

바티 장관과 나의 공통점이 있다면, 열일곱 살에 주님을 인격적으로 만났다는 사실이다. 그분은 도요타에서 나온 코롤라를 타고 다녔다. P국 장관 가운데 그런 차를 타는 사람은 아무도 없다고 했다. 가난한 장관이지만, 겸손한 분이었다. 나중에 그분이 순교를 당한 뒤에 차가

사바드 바티는 P국의 유일한 기독교인 장관이었다
(장도원 장로와 사바드 바티 장관)

피투성이로 얼룩진 것을 미디어에서 보았을 때, 그분과 뒷좌석에서 예수님이 우리의 삶을 어떻게 만지셨는지 나누던 대화가 생각나 눈물이 멈추지 않았다.

홍수 지역을 돌며 준비한 구호품을 나누어 주면서 바티 장관과 또 감사선교교회는 더욱 깊은 관계로 발전하게 되었다. 바티 장관과 함께 하나님은 P국에 큰 변화를 가져다 줄 것 같은 마음을 주셨다. 적지 않은 프로젝트가 진행되었고, 주님의 사랑으로 P국을 섬길 수 있는 기회가 많아졌다. 그러던 가운데 바티 장관은 백악관의 조찬 기도회에 초청받아 미국을 방문하게 되었다. 그때 바티 장관은 미국 오바마 대통령을 만나고, 힐러리 로댐 클린턴 국무장관을 만나는 일정 중에 우리

사바드 바티 장관과 함께 홍수 피해 지역을 돌아보고
구호품을 전해 주었다

교회에 참석해 주었다. 그리고 그리스도 안에서 함께 꿈꾸는 또감사선교교회 형제들이라고 간증해 주었다.

교회가 세워지고 한 번도 평신도가 주일 설교에 말씀을 전한 일이 없었는데 바티 장관이 주일 설교를 했다. "하나님의 사람이 하나님의 영으로 충만함을 받아 전하자"는 하나님의 말씀이었다. 그날 교회는 엄청난 축복을 경험했다. 그리고 예배가 끝난 후 LA공항에 나가 배웅하면서 몇 해 전에 P국에서 홍수 지역을 돌며 나눈 대화처럼 우리는 예수님의 위대하심을 나누었다.

그분은 그날 캐나다 수상을 만나러 가는 길이었다. LA공항에서 작별 인사를 나누며 2주 뒤에 I지역에서 보자고 약속했다. 그는 또감사선교교회 리더들을 P국 대통령과 만나도록 주선하기로 약속하며 공항에서 헤어졌다. 그날 나눈 포옹이 이 땅에서 나누는 마지막 포옹이 될 줄은 미처 몰랐다.

내가 내 아들 바티의 삶을 받았다

바티 장관은 지금 주님의 품에 안겨 있다. 그가 고귀한 순교자로서 죽음을 맞이할 수 있었던 것은 그의 삶이 순교 그 자체였기 때문이다. 그가 또감사선교교회를 방문했을 때 주일 전날 장도원 장로 집에서 저녁 식사를 했는데, 그는 그 자리에서 고백했다.

"나는 주님을 위해, 특별히 P국에 살고 있는 기독교인들을 위해 죽을 준비가 되어 있습니다."

순교적인 삶을 사는 자가 아니고는 순교적 죽음을 맞이할 수가 없다. 바티 장관은 순교적인 삶을 살다가 이 세상을 떠났다.

바티 장관과 약속한 그날, 장도원 장로와 나는 P국 수상을 만나러 가기 위해 두바이에서 I지역 행 비행기를 기다리고 있었다. 그런데 바티 장관이 그날 아침에 어머니를 뵙고 나오다가 과격과 탈레반들에게 무참하게 공격을 당해 순교했다는 소식을 접했다. I지역으로 들어가는 길을 돌이켜 인도네시아로 간 우리 일행은 이틀 동안 밤에 잠을 잘 수가 없었다. 비몽사몽 하며 이틀이 지난 저녁, 주님은 내게 이렇게 말하셨다.

"내가 내 아들 바티의 삶을 받았다!"

그의 삶은 영화로운 삶이었다. 결혼도 하지 않고(당신이 하는 일의 성격상 가정을 꾸리면 아내와 아이가 목숨에 위협을 느낄 수 있어 하지 않음) 젊은 나이에 세상을 떠났지만 그의 삶은 성스러운 삶이었다. 주님께서 그의 삶을 받았다고 말씀하셨을 때, 나는 그를 위한 마지막 눈물을 닦을 수 있었다. 내 방에는 그의 사진이 나와 마주보는 위치에 놓여 있다. 그리고 그 사진을 볼 때마다 나 또한 영화로운 죽음을 위해 순교적인 삶을 살자고 스스로에게 도전한다.

가끔 K선교사를 떠올리면서 이런 생각을 한다. 내가 이렇게 마음이 아픈데 바티 장관과 의형제를 맺은 K선교사는 얼마나 마음이 힘들었을까? 한 번은 K선교사가 마음 아파하면서 내게 하던 말이 생각난다.

"내가 P국으로 오지 않았다면, 이런 일이 일어나지 않았을 텐데…."

아쉬움이 있지만, 주님은 그의 삶을 아름답게 받으셨다. 나는 가끔 우리의 삶도 주님께 갈 때 과연 아름답게 드려질 수 있을까 생각한다.

바티 장관은 P국에서 신성 모독죄로 억울한 일을 당하고 생명에 위협을 당하는 기독교인들을 위해 노력했다. 그의 말에 영향력이 생기자 과격파 이슬람들은 그에게 협박하면서 목숨을 위협했다. 그래서 그는 늘 죽음에 대해 묵상해야 했고, 죽음을 준비하며 살았다. 그의 생명이 위험하다는 것을 알고 미국과 영국, 제3국으로 망명을 추천하기도 했지만 그는 입버릇처럼 외쳤다.

"나는 살아도 내 민족과 함께 살고, 죽어도 내 민족과 함께 죽을 것입니다!"

그의 죽음은 제2, 제3의 사바드 바티를 만들고 있었다. 그의 죽음 앞에서 나는 "주님 어찌하여 귀한 형제를 데려가십니까?"라고 물었다. 바티 장관을 앞세워 P국 땅에 복음의 봄날이 올 줄 알았는데, 주님의 계획은 인간의 계획과 달랐다.

바티 장관이 순교를 당하고 1년 뒤, 우리는 바티 장관의 마을을 방문할 기회가 있었다. 그런데 그 마을에는 바티 장관의 삶을 따라가고자 하는 수많은 젊은 기독 청년들이 있었다. "내가 바티의 삶을 받았노

또감사선교교회는 P국의 지역 개발을 적극적으로 도왔다

라"고 하신 주님의 말씀이 무엇인지 명확하게 깨닫게 되었다.

나를 대신해서 일하라

바티 장관이 주님의 품으로 간 지 정확하게 1년이 되던 해에 또감사선
교교회는 I지역에 방문하여 사바드 바티 장관의 형인 폴 바티 장관을
만나게 되었다. P국은 리더가 만들어지는 것이 아니라 태어난다고 믿
는다. 그래서 사바드 바티 장관의 죽음 뒤에 그의 후임을 가족 중에서
택했다. 사바드 바티 장관의 어머니가 가족회의를 열어 형인 폴 바티
가 장관직을 맡도록 했다.

폴 바티는 이탈리아에서 의사로 일하던 사람이다. 동생이 죽기 3개월 전에 형에게 전화해서, "형! 나와 함께 우리 민족을 위해 힘을 합칩시다!"라고 초청했을 때 그는 "내가 지금 천국에 살고 있는데, 왜 자처해서 지옥으로 가겠느냐?"라고 답했다고 한다. 폴 바티는 깊이 생각하다가 결국 동생이 하던 일을 맡게 되었다. 우리 팀이 폴 바티를 만나러 갔을 때, 그는 반신반의하는 마음으로 우리 팀을 맞았다.

그는 자신의 사무실에 기도하는 사람들을 모았다. 우리 팀도 그분들과 함께 기도 모임을 했다. 기도 모임을 하는 가운데, 성령님이 폴 바티 장관에게 말하라는 마음을 주셨다. 그런 적이 별로 없는 나로서는 당황스럽기까지 했다. 메시지는 다름 아닌 이것이었다.

"이제부터 동생 사바드 바티를 대신해서 일하는 것이 아니라, 네가 나를 대신해서 일하라!"

그는 신중하게 그 말을 받았고, 우리 팀은 열정적으로 통성 기도를 했다. 혹 너무 무례한 것이 아닌가 걱정하는데 폴 바티 장관은 그날과 다음날 저녁에 자신의 집으로 우리를 초대해 한 번 더 기도를 요청했다. 우리는 다음날 저녁에 폴 바티 장관 집에서 저녁 식사를 나눈 뒤 기도 모임을 가지면서 하나님이 폴 바티를 세우는 것과, 그를 통해 새로운 일을 계획하는 것을 느낄 수 있었다.

때로는 하나님이 어떠한 일로 우리 삶의 모든 것을 멈추는 것 같을 때가 있다. 그러나 하나님은 선교만큼은 결코 쉬지 않으신다. 그러기에 우리도 쉬지 말고, 열심히 주님의 일에 동참해야 한다.

많은 일이 P국에 있었지만 개인적으로 가장 기억나는 것은 이슬람 국가인 P국의 수도에 붙여진 "Merry Christmas and Happy New Year!" 포스터였다. 도시 한가운데 이것을 붙이는 게 과연 가능한 일인가 의견이 많았다. 거센 반대로 잠시 떼기도 했지만 결국은 다시 붙여 크리스마스 시즌을 함께 축하하는 시간을 갖게 되었다. 주님의 탄생을 축하하는 포스터가 불빛과 함께 I지역 중심지에 붙어 있는 것을 보면서, 이 땅에 주님의 빛이 속히 비추기를 기도했던 생각이 난다. 나무 밑에 기독교인들이 모여 행사하면서 혹시 위협이 있을까 주위를 돌아보던 일이 오늘따라 새록새록 떠오른다.

P국 건국 이래 처음으로 성탄을 축하하는 표지판이 세워졌다

한 나라를 품는다는 것은, 예수님의 마음을 갖는 것이다. 예수님께서 무리를 보면서 연민을 가지셨고, 예루살렘 성을 바라보면서 눈물 흘린 것을 우리는 잘 알고 있다. 영어 성경에 가장 짧은 구절은 〈요한복음〉11장 35절, "Jesus wept"(NIV)이다.

나사로의 죽음 앞에서 눈물을 흘리며 나약한 모습으로 있는 군중들과 함께 주님도 같이 눈물을 흘리셨다. 생명을 주관하는 창조주가 함께 있는데, 예수님을 보지 못하고 죽음이라는 어두움 앞에 떨고 있는 그들을 향해 연민의 마음으로 우신 것이 아닐까? 주님과 같은 마음을 품는 것이 바로 주님의 마음을 갖는 것이다.

장도원 장로, 문현덕 장로, K선교사의 모습에는 주님의 마음을 품은 흔적들이 있다. 지난 10년 동안 A국과 P국의 사역을 감당한 K선교사는 그 누구보다 순수한 분이다. 지혜로운 말씀의 사람이다. 그래서 나는 하나님이 K선교사를 귀하게 사용하신다고 생각한다. 하나님은 오늘도 전심으로 당신을 바라보는 자를 찾으신다. 그리고 그에게 능력을 베푸신다. K선교사는 하나님께 합한 자의 모습으로 서 있는 분이다. 또 감사선교교회는 그를 존경하는 마음으로 동역하는 것이 기쁨이자 영광이다. K선교사가 지난 10년간의 사역을 돌아보며 우리에게 전해준 마음을 함께 나누고 싶다.

마음과 마음에는
길이 있다

_ K선교사

나는 10년 전 A국 B지역에서 또감사선교교회의 리더들과 첫 만남을 가졌다.

"아흔 아홉이 아니라, 잃어버린 한 마리 양을 찾아가는 것이 우리의 부르심이다. 버림받고 소외된 사람들에게 조건 없이 사랑을 전해야 한다."

당시 3박 4일간의 짧은 여행에서 여러 번 강조하던 장도원 장로의 말이 지금도 선명하다. 어찌 보면 잃어버린 한 마리 양을 찾아서 떠나려는 의도적인 선교가 지난 10년간 A국과 P국에서의 여정을 가능하게 했던 것 같다. 이 여정은 광야와 산을 넘는 걸음이었다. 눈물과 시련이 기다리고 있었다. 또 환난과 학대로 귀한 형제를 잃어버리는 큰 아픔도 있었다. 그러나 교회는 한 번도 이 길을 가는 것에 대해서 불평하거나, 힘들다고 포기하지 않았다. 목사와 장로가 먼저 좁은 길을 가려는 충성됨에 깊이 감사를 드린다. 지난 10년 동안 내가 만나고 경험했던 또감사선교교회의 이야기를 전하려 한다.

변방을 향하여

나는 또감사선교교회의 장로들을 A국에서 처음 만났다. B지역에서 비포장 산길을 9시간 달려가야만 도착할 수 있는 J마을을 방문하기 위해서였다. J마을은 18세기의 모습이 존재하는, 전기도 없는 오지 마을이다. 누구도 가려 하지 않는 이곳에 찾아온 것이다. 바람과 돌과 사람뿐인 이 마을의 아이들은 천막에서, 혹은 나뭇가지를 엮어 만든 학교에서 공부하고 있었다. 이런 학교에서라도 공부하고 싶어서 2~3시간 이상 산길을 걸어오는 아이들이 많았다. 또감사선교교회 장로들은 바로 이 아이들에게 학교를 지어 주기 위해 방문한 것이었다.

장로들은 텐트에서 공부하는 아이들 속으로 들어가 그들의 손을 잡아 주고 머리를 쓰다듬어 주면서 관계를 만들어 갔다. 난생처음 먹는 아프간 음식도 부담 없이 맛있게 먹었다. 한 마을에서 또 다른 마을로 이동하는 데만 한 시간 이상 산길을 가야 했다. 마을을 다니면서, 마을의 지도자들을 만날 때마다 "예수 믿는 우리가 당신들을 도와도 되느냐?"라고 질문했다. 무슬림에게 선을 행하면서 움츠러들거나 그들을 속이려 하지 않고 그리스도인의 신분을 당당하게 밝힌 것이다. 뿐만 아니라 학교를 지어 준다고 그들을 개종시키려 하거나 전도하려는 의도는 전혀 없다는 것을 분명히 밝혔다. 마을 사람들은 우리에게 물었다.

"같은 무슬림도 우리를 도와주지 않는데 당신들이 정말 우리를 도울 수 있나요?"

J마을에 학교를 건축하다

"예, 그렇게 할 수 있습니다. 그냥 당신들을 사랑하고 싶고, 아이들에게 꿈을 주고 싶습니다."

장로들은 환하게 웃으며 말했다. 학교가 지어지고 마을 학교 개교식을 할 때 어김없이 단기 선교팀이 왔다. 문현덕 장로를 중심으로 기도하며 몇 달을 준비해서 먼 길을 찾아온 것이다. 문현덕 장로는 30년간의 긴 전쟁으로 기뻐할 일이 없는 사람들에게 어떻게 하면 한바탕 신명나는 축제의 장을 만들 수 있는지 고민하고 질문했다. 그간 문현덕 장로와 주고받은 이메일만 천여 통이 넘을 정도다.

개교식 날 산 중턱에 부르카를 쓰고 무리지어 앉은 사람들의 모습이 보였다. 좀처럼 집 밖을 나오지 못하던 여인들이 산 중턱에 앉아서 개교식 행사를 지켜보고 있었다.

"또감사선교교회의 정성 어린 후원으로 마을 학교가 지어졌다."

이렇게 적힌 머릿돌을 돌판에 새겨 와서 붙였다. 이 일은 처음에 기독교인이라는 것을, 그리고 교회가 이 일을 돕는다는 것을 밝히지 않았다면 불가능했을 것이다. 학교를 지은 후에도 교회는 학부모들이 학교를 운영할 수 있도록 지속적으로 도왔다. 문현덕 장로는 겨울에 눈 내리는 J마을을 방문했다. 그냥 이들이 보고 싶어서 또 먼 길을 온 것이었다. 그 겨울 진눈깨비가 내리는 산길을 오가면서 "우리를 기다리는 아이들이 있어서 전혀 고생스럽지 않다"라고 오히려 나를 도전했다. 아직도 이 산골 마을에서 또감사선교교회는 여전히 그들의 미래를 같이 만들어 갈 형제다. 나는 복음이 전해지지 않은 변방을 향해 걸어가는 교회의 발걸음에 참 감사한다.

꿈꾸는 사람들

H족이 살고 있는 A국 중앙부의 산악 지대에는 300여 개의 사원이 존재한다는 소식을 듣고 장도원 장로와 문현덕 장로는 말했다.

"그럼 300개의 사원이 있는 곳에, 300개의 학교를 학부모들과 같이 만들자."

우리는 만날 때마다 또 다른 오지 마을에 여전히 복음이 전해지지 않은 땅을 생각하면서 설렘으로 늦은 밤까지 꿈을 나누었다. J마을에서 주민들과 같이 마을 학교를 설립한다는 소식은 입소문을 타고 H족의 지도자들에게 알려졌다. 시모사마르 독립인권위원회 의장과 무함마드 무하킥 의원을 통해서 A국 정부에도 소개되었다.

또감사선교교회가 A국을 섬기는 방법은 그 나라의 정치 지도자들로 놀라게 만들었다

A국 야당 당수인 무하킥 의원은 대통령과의 면담을 주선했다. 눈 내린 겨울에 대통령을 만나기 위해서 교회의 장로들이 B지역을 방문했다. 그때 장도원 장로는 제안했다.

"교육 타운을 세우는 것뿐만 아니라, B지역에 신도시를 개발해서 A국에 동계 올림픽을 유치하자."

장도원 장로가 새벽에 일어나 눈 내리는 B지역의 산을 바라보면서 기도했을 때 하나님이 A국을 어떻게 섬길지 주신 마음이었다. 국제적 정치 지도자들과 만난 경험이 많은 무하킥 의원에게는 너무나 당황스러운 제안이었다. 다음날 아침 무하킥 의원은 카르자이 대통령을 만나기 위해서 대통령 궁으로 향하는 길에 말했다.

"늦은 밤까지 장도원 장로의 황당한 이야기에 대해서 고민했다. 자신과는 전혀 상관없는 나라의 일에 대해 가진 진심과 열정이 내 마음을 움직였다. 나도 그 꿈을 같이 꾸고 싶다."

진심이 통한 것이었다. 그 후 무하킥 의원은 장도원 장로의 초청으로 2008년 가을 한국에 방문했다. 서울과 인천 등 한국의 발전된 모습을 같이 여행하면서 새로운 나라 건설에 대한 비전을 나누었다. 인천시장과의 만남을 통해 인천 아시안 게임에서 한국과 A국의 상호 협력을 약속하는 계기가 되기도 했다. 아무것도 없는 바다에 새로운 도시를 세우는 송도 신도시 건설 현장을 방문하면서 전쟁 후 폐허가 된 A국을 어떻게 재건할지 꿈을 꾸었다. 현재 A국 정부는 수도 B지역 외곽에 신도시를 건설하는 프로젝트를 진행 중에 있고, 또 동계 국제대회 유치에 열을 올리고 있다.

P국에서 유일한 기독교 장관이었던 사바드 바티와의 운명적 만남은 하나님 나라의 일에 대해서 꿈꾸게 했다. 그 일들은 사람의 힘과 능이 아니라, 성령의 능으로만 할 수 있는 일들이었다.

조건 없이 베푼 사랑

마을 학교는 100% 마을 주민들의 손에 의해서 건축되었다. 다이너마이트를 가져다주면, 학부모들이 산에 있는 돌을 깨는 작업을 진행했다. 다이너마이트 조작 미숙으로 사고가 발생했다. 7번이나 눈 수술을 했던 한 형제는 실명 위기에 놓여 있었다. 교회는 한마음으로 이들을 위해 기도했다. 또 B지역과 P국에서 눈 수술을 할 수 있도록 모든 것을 지원해 주었다. 가족들도 아버지가 나을 때까지 생계를 유지할 수 있도록 책임져 주었다. 그해 여름 문현덕 장로는 또 먼 길을 찾아와서 눈을 다친 형제의 가정을 위로하고 위문품을 전달했다. 전쟁 중에 고통받으며 살면서도, 그것을 알라의 뜻이라고 위안하던 사람들에게 이 일은 오래도록 회자되었다. 이것을 지켜보던 마을의 몇몇 사람이 그리스도를 따르는 일이 일어났다.

A국에서 분당 샘물교회 형제들이 탈레반에게 납치되던 때였다. 모두가 철수하기 바쁜 그때 장도원 장로는 비행기를 타고 홀로 B지역에 찾아왔다. B지역의 마을 학교 개교식에 참석하기로 한 약속을 지키기 위해서였다. 이 행사는 1천여 명의 지역 주민과 H족의 지도자인 무하킥 의원 및 교육부 차관을 비롯한 A국 정부 관계자들이 참석한 행사였다. 장도원 장로는 개교식 연설에서 이렇게 말했다.

"여러분이 힘들고 어려울 때, 우리가 찾아와 여러분의 자녀를 위해 학교를 지어 주면서 도운 것처럼, 이제 당신들이 우리를 도울 때입니다. 저 사막에 잡혀 있는 우리 형제자매들이 무사히 돌아올 수 있도록 여러분이 도와주셔야 합니다!"

장도원 장로의 연설은 그날 오후와 저녁으로 A국 유력 TV 5개 방송에 방영되었다. 실제로 무하킥 의원은 분당 샘물교회 형제들이 돌아올 수 있도록 물심양면으로 도왔다. 무하킥 의원과 장도원 장로의 우정이 만들어 낸 결과였다. 그 후 A국에서의 사역은 중단되었지만, 무하킥 의원을 한국에 초청해서 한국에 대한 A국의 우호적 여론을 형성하기 위해 노력했다.

이 만남은 무하킥 의원이 미국 정부의 초청으로 워싱턴을 방문했을 때 다시 이어졌다. 두 분은 "전쟁 통에 부디 살아서 다시 만나자"라고 말하면서 헤어졌다. 최근에 무하킥 의원이 A국 대통령 선거에 부통령 후보로 입후보하면서, 자신의 나라와 선거를 위해서 기도해 달라는 소식을 전했다.

"마음과 마음에는 길이 있다."

A국의 유명한 속담처럼 두 분의 마음이 사랑으로 연결된 것이다. 가식적이지 않으며, 솔직하고 친근한 모습은 두 사람을 친구가 되게 했다.

예수의 이름으로

2008년 P국에 큰 홍수가 났을 때 일이다. 80년 만에 P국에 몰아닥친 홍수는 재앙과 같았다. 2천만 명의 이재민이 발생했다. 무너지고 파괴된 마을과 다리, 아무도 어떻게 할 수 없는 재앙을 맞이하게 되었다. 전국의 홍수 지역을 돌아보던 사바드 바티 장관은 물, 의약품, 밀가루 등 기초 생필품이 공급되지 않아서 너무 많은 사람 특히 여성과 아이가 고통당하고 있다고 호소하면서 도움을 요청했다. 그때도 어떤 이유와 조건 없이 또감사선교교회는 이들을 도왔다. 한 번도 선한 일을 행한 뒤 대가를 바란 적이 없었다. 자신의 이름이나 교회의 이름을 적어 달라고 요구한 적도 없었다.

최경욱 목사와 문현덕 장로 일행은 교회를 대표해서 사람들을 위로하기 위해 홍수 현장을 방문했다. I지역에서 차량으로 2시간 정도 떨어진 난민 캠프를 방문하는 차 안에서 최경욱 목사와 사바드 바티 장관은 그리스도를 향한 믿음과 사랑을 고백하는 부흥회를 했다. 그리스도 예수에 대한 사

구호품에 적인 "하나님은 사랑이시다"라는 문구는 최소한 4~5천만 명의
사람이 보았을 것이라고 한다

랑과 충성을 고백하면서 깊은 영적 사귐을 한 것이다.

　"하나님은 사랑이시다"라는 문구와 〈요한복음〉 3장 16절이 적힌 구호
품 박스를 전달하는 장면이 주요 방송들을 통해서 전국에 생방송으로 중
계되었다. 기자들은 최소한 4~5천만 명의 사람들이 이 방송을 보게 될 것
이라고 했다. 예수님의 이름으로 조건 없이 베푸는 사랑은 전파를 타고 전
국으로 퍼져 나갔다.

　사바드 바티 장관은 순교하기 한 달 전인 2010년 2월에 오바마 대통령
국가 조찬 기도회를 마치자마자, 1박 2일 일정으로 LA에 왔다. 바티 장관
은 교회를 방문하면서 나에게 "그리스도 안에서 한 몸처럼 형제의 고난에
사랑으로 함께해 주어서 고맙다"라는 말을 꼭 하고 싶어서 교회에 방문한

다고 했다. 토요일, 밤이 늦도록 바티 장관과 교회의 리더들은 한 상에 앉아서 떡을 나누었다. 교회의 리더들은 열방에서 고통당하는 그리스도의 교회들과 같이 십자가를 질 것을 다짐하면서 손에 손을 부여잡고 기도했다.

바티 장관은 이렇게 설교했다.

> "그리스도 안에서 사랑하는 형제인 여러분들은 가난하고 억압받는 P국 교회에게 하나님의 사랑을 실제적으로 실천했습니다. 오직 사랑으로 그리스도의 고난에 동참해 주신 것에 감사합니다. 이 고난은 우리 믿음을 더욱 견고하게 하는 것처럼, 우리 P국 교회를 견고하게 할 것입니다."

바티 장관이 또감사선교교회 강단에서 전한 설교는 그가 하나님의 부르심을 받아 순교하기 전에 행한 마지막 설교일 뿐만 아니라 자신의 간증이었다.

"나는 예수 위해 살고 예수 위해 죽고 싶다!"라고 말한 그의 고백처럼 평생 예수를 위해서 살다가 예수 때문에 순교했다. 만남을 거듭할수록 바티 장관과 또감사선교교회는 그리스도 안에서 한 몸을 이룬 형제가 되었다. 십자가를 지고 순교자의 삶을 살아낸 한 사람의 인생에 또감사선교교회는 예수의 이름으로 동행해 주었다.

고난을 당하는 교회와 같이 우는 사람들

사바드 바티 장관은 P국의 영적 출애굽을 위해 P국 유습 라자 길라니 총리와의 면담 날짜를 2011년 3월 3일로 잡아서 교회의 리더들을 초청했다.

그러곤 총리와의 면담 바로 전날인 3월 2일 아침에 순교했다. 순교하기 바로 직전에 바티 장관은 나에게 저녁에 사랑하는 형제들이 온다면서 흥분된 목소리로 전화했다. 그날 장도원 장로와 옥창호 장로는 방콕 공항에서, 최경욱 목사와 문현덕 장로는 두바이 공항에서 I지역행 비행기를 기다리고 있었다. 너무나도 충격적이고 슬픈 소식을 전할 때, 장도원 장로는 깊은 슬픔의 탄식 외에 한동안 말을 하지 못했다. 문현덕 장로와 나는 전화기를 붙들고 한참을 통곡했다. 아직도 나의 귓전에는 두 분의 울음소리가 쟁쟁하다. 교회는 바티 장관의 추모 주간을 선포하고 하나님 보좌 앞에서 같이 울었다. 그해 여름 바티 장관의 고향 마을을 방문했다. 그의 묘지 앞에서 추도 예배를 드리기 위해서였다.

7월, P국의 무더운 날씨에도 불구하고 많은 사람이 모였다. 그들과 함께 촛불을 들고 찬양하고 행진하면서 천국으로 간 형제를 다시 한 번 환송했다. 그때 바티 장관이 또감사선교교회의 형제자매에게 유품처럼 남겨 둔 감사패를 전달했다.

바티 장관의 갑작스런 순교는 P국 교회에 큰 슬픔이었다. 장진숙 집사는 "큰 슬픔에 빠진 P국 형제자매들을 어떻게 위로할 수 있을까?"라고 카라치와 I지역의 현지 교회 지도자들을 만나서 말했다. 그때 대통령궁으로 향하는 길에 성탄과 새해를 축하하는 대형 트리와 메시지가 담긴 세움 간판을 달아서 억눌린 성도들을 위로했다. 이 일은 1947년도에 P국이 설립된 이후 처음 시도된 일이다.

4개월 만에 또감사선교교회의 리더들이 P국에 방문했다. 12월 한 달 동안 대통령 궁으로 향하는 I지역의 가장 중심 도로에 "하나님은 사랑입니다. 성탄과 새해를 축하합니다"라는 문구와 함께 예수님의 성화가 그려진 대

P국에서 함께 나눈 성탄의 기쁨

형 세움 간판이 설치되었다. 또 옥에 갇혀 있는 죄수들을 찾아가서 같이 예배하고 성탄의 기쁨을 나누었다. 종교적 이유로 억울한 누명을 쓰고 도망다니는 가족들의 눈물도 닦아 주었다.

바티 장관이 순교한 뒤 P국 교회는 정치적으로 어려움을 당하게 되었다. 급기야 라호르에 있는 크리스천 마을에 방화 사건이 일어났다. 집은 불탔고, 사람들은 두려움 가운데 떨고 있었다. 이 소식을 듣고 교회는 부활절 헌금을 이들에게 사용하도록 지원해 주었다. 뿐만 아니라 이 마을의 사람들을 만나 위로하기 위해서 기꺼이 먼 길을 마다하지 않고 달려와 주었다.

이 마을에 유일하게 존재하는 집을 개조해 만든 학교에서 사랑을 나누는 일도 있었다. 그날 수십 명의 아이들이 옹기종기 교실에 모여 있었다. 교장과 학생들이 우리를 반갑게 맞아 주었다. 아이들의 마음을 위로하기 위해 장도원 장로는 말했다.

"나는 30시간 동안 비행기를 타고 오늘 새벽 I지역에 도착해서, 다시 5시간 동안 차를 타고 이곳에 왔습니다. 여러분의 얼굴이 보고 싶어서 말입니다!"

장도원 장로의 이야기는 아이들뿐만 아니라, 불탄 마을의 어른들에게도 큰 위로가 되었다. 불탄 마을의 골목을 빠져 나오는데 한 아이가 다시 질문했다.

"왜 그 먼 길을 왔어요?"

"네가 보고 싶어서!"

그저 환한 미소로 손잡아 주고 안아 주고 싶어서 두 분의 장로가 온 것이다. 이렇게 또감사선교교회는 고난당하는 교회와 같이 울고 또 같이 웃는 일을 감당하고 있다.

chapter 3

J형제
이야기

A국에 J라는 형제는 순박하고 평범한 무슬림 청년이다. K도시에서 대학을 졸업하고 다시 자신이 자란 A마을 학교의 선생으로 돌아와서 아이들을 가르치고 있었다. J형제는 이 마을의 다른 청년들처럼 이슬람 사원에서 울려 퍼지는 아잔 소리에 맞추어 메카를 향하여 기도하는 신실한 무슬림이었다. 그는 늘 외부 세계에 대한 동경심을 가지고 있었다. 그러던 중에 J형제는 또감사선교교회에서 파송한 K선교사와 만나 아름다운 관계를 쌓게 되었다.

이웃 사랑이 무엇인지 알게 되었습니다

K선교사가 마을 학교에 있는 모든 교실에 걸어 둔 교훈 "하나님 사랑, 이웃 사랑"이라는 글을 보고 J형제는 질문했다.

"나는 무슬림으로서 하나님 사랑에 대해서는 적지 않은 종교적 행위를 통해 알 것 같지만, 이웃을 사랑한다는 것이 어떤 것인지 잘 모르겠습니다. 기독교는 어떻게 이웃을 사랑합니까?"

J형제와 K선교사는 자주 만나서 궁금한 것을 이야기하며 깊은 관계를 쌓아 갔다. 그러던 중에 마을 학교를 건축하다가 사고가 있었다. K선교사는 사고가 날 때마다 공사가 늦어져도 사람들을 돌보았는데 J형제는 그 모습을 보고 충격을 받았다. 이곳 사람들은 사고도 알라의 뜻이라 여기며 공사 진행을 멈추지 않는데 J형제는 그렇게 하지 않는 K선교사의 모습을 이상하게 여겼다.

어느 날 밤늦은 시간에 마을 어른들과 회의를 마치고 나오다가 J형제는 K선교사에게 말했다.

"당신이 말하는 이웃 사랑이 무엇인지 알게 되었습니다."

한참의 시간이 흘러 마을 학교가 개교하고, J형제는 그 마을 학교의 교사로 일했다.

이때 마을 학교 선생님 두 명을 선발해서 필리핀의 기독교 학교 (Faith Academy and Sistermary School)로 교사 연수를 보내 주는 프로그램을 시작했다. 이 연수 프로그램은 서구의 선진 교육 시스템을 체험하게 하는 것뿐만 아니라, 무슬림이 가지고 있는 기독교에 대한 편견을 변화시키고자 했던 프로그램이었다. A마을에서는 J형제가 연수에 참가하는 선생님으로 선발되었다. P국을 경유해서 필리핀까지 가는 먼 여정이었고, 연수 프로그램을 통해 K선교사와 J형제는 더욱 가까워졌다.

J형제를 비롯한 무슬림들에게 연수는 그야말로 엄청난 충격이었다. 이 학교의 학생들은 먼 길을 여행 온 무슬림 선생들을 환한 미소와 사랑으로 맞아 주었다. 이것은 마치 교과서에 없는 교실처럼 무슬림 선생들에게 많은 것을 느끼게 해 주었다.

또 선교사의 자녀들을 교육하는 페이스 아카데미에서는 저녁마다 그리스도인 교사의 가정을 2~3 사람씩 그룹을 지어 방문하게 하여 실제적인 만남을 만들어 주었다. J형제를 비롯한 무슬림 선생님들이 가진 그리스도인에 대한 선입견은 이 학교 선생들의 진실함으로 말끔하게 씻겼다. 연수를 마치는 날, 이 학교의 교장은 그리스도인들이 가장 소중하게 여기는 책이라고 하면서 보자기에 고이 포장한 성경을 무슬림 선생들에게 선물했다. 성경을 받아든 몇몇 선생은 너무나 두려운 나머지 K선교사를 찾아와서 그 선물을 정중하게 사양하기도 했다. 그런데 J형제를 비롯한 3명의 선생은 그것을 가지고 자신의 나라로 돌아갔다. 사실 공항 입국 과정이나, 자신의 마을로 가는 광야에서 자주 출현하는 탈레반에게 성경이 발각되면 생명이 위험했다.

연수에서 복귀하고 얼마 되지 않아서 J형제는 유니세프(UNICEF)

에서 선생들을 재교육하는 요원으로 다시 선발되었다. 필리핀 기독교 학교에서 받은 교사 연수 과정이 선발에 큰 도움이 되었다고 한다.

선교의 열매를 보는 축복

그는 자신이 필리핀 기독교 학교에서 배우고 경험한 내용을 바탕으로 바람직한 교사가 되기 위해 자신을 다듬어 나갔다. J마을을 찾아다니면서 교사를 교육하는 일도 감당하게 되었다. 그리고 시간이 날 때마다 그는 성경을 읽었다. 부모님과 사랑하는 가족들의 눈을 피해서, 산과 들에서 하나님의 말씀을 읽었다. 모든 무슬림이 인정하는 것처럼 그에게도 예수는 좋은 선지자였다. 그러나 그가 읽은 성경에 나온 예수의 모습은 달랐다. 성경을 읽으면서 그의 가슴은 뜨거워졌고, 그가 오랫동안 찾았던 길을 발견하게 되었다. 그렇게 2년 동안 J형제에게 하나님의 말씀은 구원에 이르는 길을 안내해 주었다.

어느 날 J형제는 자신이 예수님을 그리스도로 영접하게 되었다고 고백했다. 언제 어떻게 그리스도를 구주로 영접하게 되었는지 확인하는 시간을 가졌는데, 그의 마음에 예수 그리스도가 구주로 자리 잡고 있다고 말하면서 손에 들고 있는 성경에 입맞춤했다. 그는 성경을 준 그 학교에서 세례를 받고 싶다고 했다. 자기에게 성경을 전달한 선생과 자기를 둘러싼 믿음의 증인들 앞에서 J형제는 망설임 없이 그리스도에 대한 사랑과 믿음을 고백했다. 그리고 J형제는 성부와 성자와 성령의 이름으로 세례를 받았다.

J형제는 다시 자신의 집으로 돌아와 지금도 마을들을 순방하면서 선생들을 가르치는 일을 하고 있다. 그 마음에 예수 그리스도를 간직한 채 말이다.

J형제가 교육을 받는 과정 가운데 교회는 늘 여러 모습으로 후원했다. 그리고 무엇보다 K선교사와 J형제의 깊은 사랑의 관계를 옆에서 지켜볼 수 있었던 것은 선교의 아름다운 축복이며 열매였다.

chapter 4

굶주림의 땅
북한

중남미 선교 대회에서 북한 선교에 도전받다

2007년, 나와 장도원 장로는 브라질 리우데자네이루에서 열리는 중
남미 선교 대회에 강사로 초대받았다. 중남미 선교를 섬기는 오은규
선교사를 통해서였다. 그때 중남미 선교에 도전과 훈련을 받기 위해
교회의 리더들이 동행했다. 이때 강사 중에 한 분으로 집회에 참석해
서 북한에 대한 선교 사역을 소개한 분이 계셨는데, 토론토 큰빛교회
임현수 목사였다. 중남미 선교에 대한 도전과 훈련을 받기 위해 참석
한 이 대회에서 우리는 그분을 통해 북한 사역에 큰 도전을 받았다. 돌
아온 리더들은 그해 드려지는 선교비 전액을 북한 선교에 사용하는데

중남미 선교에 도전받기 위해
참여한 선교 대회에서
북한 사역에 큰 도전을 받다

동의했다. 그해 부활절에 100만 달러가 넘는 헌금이 드려졌고, 그 헌금을 큰빛교회에 보내기로 결정했다. 이유는 간단했다. 우리의 이름을 드러내는 것보다 더 중요한 것은 도움이 필요한 곳에서 일이 잘 진행되도록 하는 것이었다. 그 모든 일은 궁극적으로 하나님께서 영광을 받는 일이기에 또감사선교교회 성도들은 그것으로 만족하고 행복해했다.

북한 사역은 그렇게 시작되었고, 그해부터 많은 성도가 동참할 수 있었다. 그 사역의 맨 앞에 선 분은 장도원 장로였다. 장도원 장로의 부모님은 북한이 고향이었다. 그래서 그런지 더욱 애정을 가지고 북한 사역을 감당했다. 북한 사역은 또감사선교교회의 선교에 적지 않은 부분을 차지했지만 사정상 그 사역들을 다 나눌 순 없다. 하지만 중요한 것은 북한을 어떠한 태도로 대해야 하는가를 깨닫게 된 일이었다.

그들은 예수님입니다!

장도원 장로와 장진숙 집사가 북한에 대해 특별한 마음을 가지고 섬겼는데 그 모습을 본 사람들은 "왜 그렇게 북한에 많은 것을 갖다 주나요?" 하고 묻는다. 그러면 장도원 장로는 대답한다. "당신이 한 번만 그곳을 가 보면 알 것입니다. 그들은 예수님입니다!"

장도원 장로가 좋아하는 성경 구절이 있다

> 내가 주릴 때에 너희가 먹을 것을 주었고 목마를 때에 마시게 하였고 나그네 되었을 때에 영접하였고 헐벗었을 때에 옷을 입혔고 병들었을 때에 돌보았고 옥에 갇혔을 때에 와서 보았느니라 (마 25:35~36)

그래서 장도원 장로는 북한 사람들에게 진정 예수님을 섬기듯 마음을 다했다. 한 해는 내가 대충 계산해도 12,000톤이나 되는 옥수수를 가져다주었다. 돈으로 따지면 100억 원이 넘는다. 그런데 그 옥수수알 하나하나를 최상의 것으로 구입해서 보내 주었다. 도움을 받는 사람의 입장에서 생각하고, 예수님께 드릴 때는 최상의 것을 드리는 것이 옳다고 여겼던 것이다. 그 옥수수가 주민들에게 바로 옮겨지는 것을 확인하고자 장도원 장로는 바쁜 일정 중에도 가능하면 직접 북한을 방문했다. 오가는 길은 20시간이 넘게 걸리는 거리였다. 여러 번 동행하면서 그 모습을 지켜보면 사랑으로 주님을 섬기는 것 같았다.

옥수수 포대에 "네 이웃을 내 몸과 같이 사랑하라!"라는 성경 구절과 또감사선교교회라는 교회 이름, 그리고 파란색 십자가를 찍어 넣을 수 있도록 북한 정부가 허락해 주었다. 우리는 그 옥수수 포대를 많은 지역에 배달하는 모습을 흐뭇하게 바라보았다. 장도원 장로 부부는 크리스마스가 되면 북한 고아원을 찾아간다. 아이들에게 산타클로스 할아버지보다 멋진, 아버지 어머니가 되어 그들을 섬긴다. 주님의 마음이 아니고는 감당하기 어려운 모습이다.

북한 사역에서 한 가지 더 기억에 남는 일이 있다. 장도원 장로가 아무런 조건 없이 북한 주민을 섬기는 마음이 고마웠는지, 북한 정부에서 장도원 장로의 여행 기간 중 북한 칠골교회 현지인들과 함께 예배를 드릴 수 있도록 허락해 주었다. 이 예배는 특별한 의미가 있다. 칠골교회는 매주 예배를 드리고 있지만 외부인이 주일 설교를 맡아서 현지인들과 함께 예배를 드린 것은 60년 만에 처음이었다. 정말 잊지 못할 예배였다. 현지인들과 함께 예배를 드린 것은 또감사선교교회에게 좋은 선물이었고, 북한 정부에게는 쉽지 않은 배려였다. 그때 함께한 분은 그 당시 풀러신학대학원 리처드 마우 총장과 아주사 퍼시픽 대학의

북한 주민을 예수님 대하듯 섬기다(옥수수 전달)

칠골교회에서 현지인과 함께 예배를 드리다

빅스비 교수, 장도원 장로와 나였다. 그 예배에 참석하고 있는 외국 사람도 적지 않았는데 주일 설교를 맡은 내게 영어와 한국어를 섞어서 설교하도록 부탁했다.

"저는 북한에 머물면서 매주 예배에 참여했지만 모든 것이 한국어로 진행되어 알아듣지 못했습니다. 그런데 오늘 영어로 예배에 참석할수가 있어서 정말 좋았습니다!"

예배가 끝난 뒤 참석했던 한 외국인의 말이다. 이 사람들은 뭐하는 사람들이기에 여기에 있을까? 알고 보니 그들은 NGO로, 혹은 김일성대학교 외국어 교수로 북한을 섬기는 분들이었다.

북한 사역 중에 또감사선교교회가 동참하고 있는 것은 북한의 결핵 환자 퇴치 운동이다. 한국 사람보다 더 한국 사람 같은 스티브 린턴 박사는 전 세계에 있는 교회를 방문하면서 결핵으로 고생하는 북한 주민을 살리자는 운동을 하는 분이다. 그가 LA에 왔을 때 한 모임에서 장도원 장로 부부를 만나게 되었다. 그때만 해도 장도원 장로의 사업이 크지 않았을 때인데 선뜻 100만 달러를 헌금했다고 한다. 그 수표를 든 스티브 린턴 박사는 "내가 숫자를 잘못 본 게 아니냐?"라고 했다는 후문이 있다. 이렇게 시작한 북한의 결핵 환자 퇴치 사역은 많은 성도가 함께 참여하면서 귀한 열매를 맺고 있다.

chapter 5

선교에 헌신한
아름다운 사역자들

현지인 목사와 선교사를 돕다

또감사선교교회를 통해서 선교하는 선교사들은 약 100명 정도다. 그
중에는 한인이 아닌 현지인 목사와 선교사도 적지 않다. P국 카라치에
서 목회하는 G목사가 있다. 교회는 그를 여러 모습으로 돕고 있다. 또
감사선교교회의 도움으로 현지 교회는 계속 성장했고, 카라치에서 가
장 영향력을 끼치는 교회가 되었다.

그런데 그 교회는 성도가 몇천 명이기 때문에 매일 어려움이 일어난
다. 특히 무슬림 국가에서 교회 사역을 감당하는 것은 결코 쉬운 일이
아니다. 그런데 힘들 때마다 교회가 그를 격려할 수 있어서 감사하다.

G목사는 어려운 지역에서 신학교를 하는데, 신학교에 필요한 책을 구입해 드리고, 학교 운영이나 필요한 것들을 도울 수 있어서 정말 감사하다. 특히 그의 딸 리베카라가 선교사로 훈련받는 과정을 교회가 재정적으로 도울 수 있었다. 리베카라는 잘 성장해서 아빠가 세운 신학교에서 P국 목회자들을 섬기고 있다.

지난 10년을 돌아보면서, 감사할 수밖에 없는 것은 헌신하는 2세 선교사, 2세 목회자들이 계속 나온다는 것이다. 그 현장에 교회가 함께 할 수 있는 것은 또감사선교교회에 주신 큰 은혜의 선물이다.

LA에는 소수 민족이 많다. 또감사선교교회는 소수 민족을 위한 교회를 축복하며, 그들의 파트너가 되어서 그 교회에 도움을 주고자 한다. 현재 우리 교회 본당에서 리빙웨이 교회가 예배를 드린다. 감사한 것은, 우리 교회에서 예배를 드린 지 몇 년이 지나는 동안 교회가 급성장하고 있다는 사실이다. 주일에 250명 정도가 모이는데, 한인 2세들만의 공동체로는 적지 않은 규모다. 담임을 맡은 제임스 임 목사는 한인 2세로 교회를 잘 세워 나가고 있다. 함께 동역할 수 있는 것이 얼마나 감사한지 모른다. 이들이 잘 세워져서 나중에 한인 교회가 어려울 때 그들도 또 다른 곳에 도움을 줄 수 있기를 기도한다. 사랑은 받은 대로 나누게 된다. 또감사선교교회 안에 필리핀 교회, 일본 교회, 엘살바도르 교회가 지금 모이고 있다. 이 교회들은 완전히 독립된 교회들이고, 또감사선교교회는 이 소수 민족 목사들과 교제를 나누며 두 달에 한 번 드려지는 글로벌 워십에 함께하고 있다.

또감사선교교회의 글로벌 사역(과테말라에서 목회자 부부 140분을 섬기다)

엘살바도르, 온두라스로 선교의 지경이 확장되다

우리 교회에서 예배드리는 엘살바도르 교회의 목사가 본국에 있는 목
회자들을 섬겨 줄 수 있느냐고 요청했다. 또감사선교교회 선교팀은
2014년 7월 엘살바도르에 가서 30명 가량의 현지 목사들을 만나 그
들이 처한 상황에 대해 듣고 함께 기도했다. 그때 온두라스에서 목회
하는 목사가 참석해 우리 교회팀에 부탁을 전했다. 자신의 나라에서
헌신하는 목회자들을 섬겨달라는 것이었다. 그 인연으로 2014년 11
월에 또감사선교교회 선교팀이 방문해서 온두라스 목회자 65분과 함

께 식사하고, 말씀을 나누고, 격려하는 시간을 가졌다.

대부분 남미 지역의 목사들은 주님의 부르심에 응해 목회자가 된 분들인데, 교육을 많이 받지 못했다. 그래서 목회자들을 섬기러 갈 때는, 이들에게 필요한 자료를 준비해 교육한다. 내가 말씀을 전할 때 맨 앞자리에서 열심히 듣는 젊은 목사가 한 명 있었다. 다른 목회자에 비해 젊고, 잘생기고, 내가 하는 영어를 많이 알아듣는 것 같았다. 대부분 내가 영어로 말하면 통역하는 사람을 통해 의미가 전달이 되는데, 이 젊은 목사는 통역 전에 고개를 많이 끄덕였다. 집회가 다 끝나고 목사들의 간증 시간이 있었다. 자신들은 평생 목회를 하면서, 이렇게 목사들끼리 한자리에 모여서 식사하고, 교제하고, 예배드리며 훈련받은 적이 한 번도 없었다고 고백했다. 이런 기회를 얻은 것에 대해 하나님께 감사하고, 미국에서 온 한국 교회에 감사하다는 말을 전해 주었다.

그러는 중에 젊은 목사 디에고가 한 말이 마음에 남았다.

"저는 목사가 된 뒤로 그 누구도 내게 물 한 잔 대접한 사람을 보지 못했습니다. 그리고 주위에서 목회하지 말라는 소리를 많이 들었습니다. 젊고 똑똑한 사람이 무슨 목회를 하느냐고 가족부터 시작해 주위 사람들은 저를 말렸습니다. 그런데 최고의 음식으로 대접해 주시고, 격려해 주시니 정말 감사합니다!"

그 말을 들으며 젊은 목회자 한 사람이 회복되는 것을 보게 하신 하나님께 감사를 드렸다. 그가 목회자로서의 부르심에 낙담하지 않고 계속 주님의 일에 힘쓰며 나아갈 때, 그를 통해 살아날 수많은 온두라스 영혼이 눈에 보이는 듯했다. 그래서 감격스럽고 감사했다. 온두라스에서 만난 목사들은 순수 그 자체였고, 어려운 여건 가운데도 포기하지 않고 하나님의 도우심을 받으며 목회하는 분들이었다.

나는 집회 첫날 강의하기 전에 모든 이에게 이렇게 질문했다.

"여러분 가운데 한인 목사를 처음 보는 분이 계시면 손을 들어보십시오!"

대부분의 목사들이 손을 들었다. 아마 한국 사람을 처음 보는 분들도 많았던 것 같다. 교육하는 과정 중에 각 팀별로 퍼즐을 나누어 준 다음 맞추도록 하는 과제를 냈다. 각 팀에 준 시간은 10분이었다. 과제를 내기 전, 이것을 시간 내에 맞추는 팀에게는 상품으로 초콜릿 한 봉지를 주겠다는 이야기를 한 뒤 시작하였다. 이 교육의 의도는 결코 그 퍼즐을 맞출 수 없다는 것을 말해 주려는 것이었다. 퍼즐을 맞추기 위해서는 그 퍼즐이 무슨 그림인가를 알아야 하는데, 짧은 시간 안에 그림도 주지 않고 시작했기 때문이다.

그런데 한 팀이 10분 안에 퍼즐을 맞추고 말았다. 그 팀의 팀장을 앞으로 모셨는데, 그는 맨류엘이라는 목사였다. 참석자 가운데 나이가 제일 많아 보였다. 나이 많은 그가 상으로 받은 초콜릿 한 봉지를 들고 무척 기뻐하는 모습이 어린아이와 같아 보였다. 그 다음날 소그룹으로 나누어 또감사선교교회 팀원들과 현지 목사들이 함께 기도하는 시간

온두라스 목회자와 함께(가운데 손들고 기뻐하는 분이 맨류엘 목사)

을 갖게 되었다. 그때 맨류엘 목사는 내가 속한 팀에 있었다. 그분은 자신을 짧게 소개하는 자리에서 이렇게 말했다.

"저는 그리스도인이 된 지 50년이 넘었고, 49년 동안 목회했습니다. 그리고 49개의 교회를 세울 수 있었습니다. 이렇게 주님을 섬길 수가 있어서 얼마나 감사한지 모릅니다!"

그분의 간증을 들으면서 나는 생각했다.
'저 목사님은 평생을 목회하면서 어려움이 정말 많았을 텐데 저렇게 어린아이와 같은 순수함을 소유하고 있구나!'

그의 고백을 통해 그는 어떠한 상황에서도 주님의 은혜를 사모하는 분임을 알게 되었다. 선교를 하면서 느끼는 것은, 섬기러 간 자리에서 내가 더 많은 것을 배우고 돌아온다는 것이다. 나누고자 할 때 하나님은 더 많은 것을 주신다. 선교지에는 이분처럼 숨겨진 보석들이 얼마나 많은지 모른다.

온두라스 집회에 세 분의 과테말라 목사가 참석했다. 비행기 시간 때문에 일찍 집회 장소를 떠날 수밖에 없었던 분들인데, 떠나면서 함께 손을 붙잡고 뜨겁게 기도했다. 그리고 그분들은 또감사선교교회 사람들을 과테말라에 초대해 주었다. 우리는 기도하고 가겠노라 답하고 나를 포함해 우리 팀원들이 은혜를 받게 될 날을 학수고대하고 있다.

수많은 작은 예수의 눈물을 통해

2014년 11월 중순에는 미크로네시아 사역자 130분을 섬기러 다녀왔다. 12월 초에는 500명의 페루 목사들을 섬기러 갔다. LA에 있는 소수민족 교회를 섬기면서 연결된 나라들이다. 이분들을 섬길 때 누리게 될 하늘의 풍성함에 대해 감사하다.

우리가 미크로네시아에서 만난 사역자들은 자신의 섬을 떠나서 하와이로 이주한 지 얼마 되지 않은 분들이었다. 그래서 그런지 대부분 영어를 편하게 하지 못했다. 대부분 청소, 세차 등을 하며 목회하고 교회를 섬겼다. 또감사선교교회 팀이 도착했을 때 사역자와 성도들은 우리를 사랑으로 맞아 주었다.

미크로네시아 목회자들은 대부분 낮에 일을 하기 때문에 집회는 오후 6시가 넘어서 시작되었다. 4일 동안 계속되는 집회에 참석할 때, 낮에 일하고 와서 피곤할 텐데도 매시간 열심히 필기하며 온 힘을 다해 집중했다. 또감사선교교회 팀원들을 앞에 세우고 환영 노래를 불러 주며 축복해 주었다. 그리고 매일 저녁 자신들의 전통 음식을 거하게 준비해서 우리를 섬겨 주었다. 우리는 섬기러 갔다가 오히려 많은 것을 받고 돌아왔다.

힘든 삶을 살면서도 그들에게는 감사의 노래가 있고, 감격의 눈물이 있었다. 우리는 찾아간 것 외에 아무것도 한 것이 없는데 그들은 우리를 진심으로 환영하며 감사를 표현했다. 항상 하나님께 감사하는 그들은 하나님께서 허락하신 관계에도 감사하고 있었다. 예수님을 믿지 않았다면 관계없는 사람으로 여기고 살았을 민족인데, 예수님을 믿고 따르면서 나는 엄청난 축복을 받았다는 생각이 들었다.

우리를 이곳으로 초대한 헐버트 목사와 식사하면서 이들의 눈물이 주님이 주신 것임을 알게 되었다. 헐버트 목사는 열두 살 때 섬에서 독일계 여자 선교사의 밥을 지어 주며 살았다. 그때는 백인 여성이 왜 살기 힘든 섬에 와서 고생할까 이해가 되지 않았다고 한다. 그러던 어느 날 여 선교사가 눈물을 흘리면서 기도하는 장면을 목격하고 큰 충격을 받았다고 한다. 헐버트 목사의 이야기를 들으며 그 눈물은 예수님

계속 가는 또감사선교교회 선교팀

의 눈물이라는 마음이 들었다. 그러면서 내가 주님을 믿는 것도, 수많은 작은 예수가 눈물을 흘려 주었기 때문임을 알게 되었다. 믿음의 사람들이 예수 안에서 뿌리를 내리고 눈물로 드린 기도의 열매로 우리가 살고 있다는 것을 말이다.

이들의 동역자가 되어 섬을 찾아가고, 함께 울기로 다짐하며 하와이를 떠났다. 이렇게 시작된 사역이 앞으로 어떻게 전개될지 기대된다. 정기적으로 이들을 방문해서 격려하고 필요한 것들을 돌아보는 것, 특히 목회자들을 세워 함께 미크로네시아 섬으로 들어가 선교 사역을 하는 것이 우리의 계획이다.

함께 만들어가는 주님의 나라

이란에서 태어나 지금 미국 시민이 된 R목사를 만나게 하신 것도 큰 기쁨이다. R목사를 통해 2014년 9월에 터키 이스탄불에서 이란 그리스도인들을 섬길 수 있었다. R목사는 무슬림 가정에서 태어났다. 이란 혁명이 일어나고 얼마 안 되어 태어났는데 그의 할아버지는 이란의 혁명을 일으킨 집안과 친분이 있었다. 그로 인해 R목사의 형은 목숨을 잃었고, 아버지는 감옥에 들어갔다. 대부분의 가족은 재산을 빼앗겼다. R목사는 어락 무슬림파 중에 보수 경향이 있던 집안에서 자라 이슬람 법도를 지키는 일을 게을리할 경우 고문을 당할 정도로 엄격한 교육을 받으며 자랐다.

　19살 되던 해에 아버지가 심장마비로 돌아가셨다. 그 시절에 많은 갈등과 어려움을 겪으면서, 소망이 보이지 않은 이 나라에서 어떻게 살아야 하는지를 고민하며 성장했다고 한다. 답을 찾지 못해 자살을 시도했으나 실패로 끝났다. 그러던 중에 위성TV에서 기독교 방송을 우연히 접하게 되었는데, 자신의 귀를 의심하면서도 그 메시지에 끌렸다고 한다. 그때 그는 짧게 기도드렸다. 당신이 진정 하나님이라면 내게 보여 달라고, 도와 달라고, 구원해 달라고 말이다.

　그 기도를 마치는 순간 손에서 뜨거운 열기를 느꼈고, 갑자기 눈에서 눈물이 쏟아졌다. 그의 마음에 말로 표현할 수 없는 기쁨과 평안이 찾아왔다. 절망과 죄책감과 수치심이 한순간에 떠난 것이다.

　그 길로 어머니에게 달려갔다. 당시 어머니는 병상에 누워 있었는데, 어머니를 만나자마자 몸에 손을 대고 기도했다. 어머니는 순식간에 병이 나았다. 하나님이 R목사에게 기적을 베풀어 주신 것이다. 그때부터 복음의 메시지는 더욱더 확신 가운데 임했다. 중동 지방 그리고 전 세계에 있는 사람에게 복음을 전하자는 열정도 갖게 되었다. R목사는 가는 곳마다, 기회가 있을 때마다, 처음 만나는 사람에게도 복음을 전한다. 복음의 감격을 가지고 만나는 사람에게 복음을 전한다. 이슬람 국가에서 복음을 전하는 것이 많이 어려울 텐데, 자신의 절망을 소망으로 바꾸신 예수님을 전하지 않을 수가 없었다고 한다. 어두움 가운데 있던 자신을 빛으로 인도하신 주님을 전하지 않고는 견딜 수 없

중국 지하교회에서 훈련 중인 주님의 군사들

었던 것이다.

그러던 어느 날 R목사는 등에 칼을 맞았다. 목숨을 하나님께서 건져 주셨고, 그 후로도 계속 생명에 위협을 느껴 이란을 떠나 터키에 머물렀다. 터키에 2년 동안 머물면서도 복음을 전하다가 여러 번 붙잡혔고, 무슬림으로부터 협박을 받기도 했다. R목사는 결국 난민 신청을 하게 되었고, 미국의 툴사 오크라호마 주로 오게 되었다. 하나님은 그곳에서 신학을 공부하도록 인도하셨고, 지금은 LA에서 이란 교회를 목회하고 있다.

R목사가 기도하고 꿈꾼 일들은 또감사선교교회와 함께 진행한다. 하나님은 R목사에게 위성방송 사역을 통해 이슬람 지역에 복음을 전하라는 비전을 주셨다. 그 비전이 현실로 이루어지는 것을 보면서 얼

마나 감사한지 모른다. 그가 위성방송을 통해 복음을 듣고 그리스도를 만났던 일이, 지금 이슬람 지역 어느 곳에서 일어나고 있을 것이다. 그런데 방송 사역은 재정이 적지 않게 들어간다. 이 일에 또감사선교교회가 동역하게 된 것과 함께 삶을 나눌 수 있는 것이 정말 기쁘다. 주님의 일에 협력할 수 있는 기회를 주신 하나님께 감사를 드린다. R목사를 만날 때마다, 주님의 나라는 함께 만들어 가는 것임을 더욱더 실감하게 된다.

또감사선교교회와 지속적으로 관계를 가지며 함께 사역하는 분 중에 베트남 분인 시아 목사가 있다. 시아 목사는 필리핀에서 신학과 교육학을 공부한 학자의 영이 있는 분이다. 중국에서 한족 여인과 결혼해 중국 지하교회에서 젊은 사역자를 선교사로 훈련시키는 일을 감당하고 있다. 그 열매로 젊은 군사들이 1,000명 넘게 준비되어 세계 선교에 앞장서서 나아가는 모습을 보고 우리는 시아 목사를 후원할 수 있다는 것이 정말 감사했다. 몇 년 전에 옥창호 장로, 박종윤 장로와 내가 100여 명의 젊은 군사들을 훈련시키려 상해에 갔을 때 이들이 기도하는 모습에 정말 놀랐다. 지나가는 길에 몇몇 처소를 들리게 되었는데, 어두운 시멘트 바닥에서 주님을 부르짖는 그들의 모습을 아직도 잊을 수가 없다.

이들은 이십 대 초반의 젊은이들이었는데, 시아 목사는 나보고 이 젊은이들에게 성경을 한 번 물어보라고 제안했다. 이들이 기본적으로 성경을 40독 이상 한 친구들이라는 것이다. 나는 망신을 당할까 봐 물어보지 않았다. 3일 동안 진행된 강의 시간마다 이들의 눈은 빛났다. 이들은 앞으로 중국뿐 아니라, 전 세계에서 선교를 감당할 주님의 군사임을 알 수 있었다.

기독교인 슬럼에 '드림 마을'을 세우다

K선교사를 통해 사회적 소수자로 살면서 힘들게 사역하는 목회자들 이야기를 전해 들었다. 특히 P국에 사는 기독교인들은 가장 가난한 계층으로 여러 어려움 속에서 살아가고 있다. 이들의 고달픈 삶을 단적으로 보여 주는 것이 도시마다 형성되어 있는 기독교인 슬럼이다. S목사는 이 슬럼에서 하나님의 양을 돌보는 일을 10년 동안 감당해 왔다.

주님의 부르심을 받기 전에는 한 공립학교의 평범한 선생님이었다. 오래 교편을 잡고 있던 그를 주님은 자신의 양을 치는 목자로 부르셨다. S목사를 처음 만난 것은 2009년 I시에서 진행된 한 기도 모임에서였다. 그날 S목사는 한국 교회에 성도들을 돌볼 수 있는 목양 시스템이 어떤 게 있는지 물으면서, 자신이 개척한 교회를 목회하면서 느끼는 갈급함에 대해서 도움을 호소했다. 많은 목회자가 정규 신학교 교육을 받지 못했던 것이다. S목사도 2년간 신학 훈련을 받았지만, 성도들을 돌볼 수 있는 목양 시스템이 절실히 필요하다고 했다.

그 만남이 계기가 되어 한국 교회의 제자 양육 특히 일대일 훈련을 이해시키고 동기를 부여하는 "일대일 제자 양육 콘퍼런스"를 그와 함께 개최하게 되었다. I시와 R시에서 자신이 소속된 교단의 노회장이었던 S목사는 교단의 목회자들과 청년 리더들을 도전하여 3박 4일의 콘퍼런스에 참석했다. 이 콘퍼런스를 마치고 몇 달 후 S목사는 다시 나를 찾았다. 당시 S목사는 2곳에서 교회를 개척해서 운영하고 있었고, 성도를 다 합치면 700여 명이나 되었다.

S목사의 소박한 집 거실에서 정성스런 차를 대접받았다. 그날 S목사는 비록 자신이 목회를 하고 있지만 한 번도 다른 사람으로부터 양육을 받은 적이 없다고 고백했다. 그러면서 자신이 갈망하던 체계적 양육 시스템을 소개해 주어서 고맙다고 말했다. 그는 이제 단순히 소개하는 것에서 머물지 말고 길을 가르쳐 주기를 부탁했다. I시와 P시에서 교회 지도자들을 대상으로 말씀 콘퍼런스를 정기적으로 진행하자고 요청했던 것이다.

이 콘퍼런스를 위한 준비 기도 모임이 결성되고, 프로그램과 강사들을 섭외하는 일들이 진행되었다. 오전과 오후에는 선발된 교회 지도자들에게 일대일 제자 양육 훈련과 큐티에 대해서 가르쳤고, 저녁에는 국외에서 초청된 강사들이 3일 동안 6개 교회를 순회하면서 성도들의 가슴에 말씀의 불을 지피는 부흥회를 인도했다. 이 일은 지난 3년 동안 계속되고 있는데, 말씀 콘퍼런스를 통해서 일대일 양육과 큐티를 하는 평신도 지도자들이 한두 사람 나오기 시작했다.

2년 전 여름 또감사선교교회 팀이 사바드 바티 장관의 순교를 추모

하기 위해 방문했을 때 일이다. I시에 기독교인들이 모여 사는 '슬럼 마을'을 돌아본 또감사선교교회 집사들이 '드림 마을'을 만들자고 제안했다. 다가올 성탄절을 준비하면서 이 일을 하자고 S목사를 비롯한 각 마을의 목사들을 도전한 것이다. 사람들이 쓰레기 마을이라고 손가락질하는 마을을 '드림마을'로 바꾸어 보자는 제안은 S목사의 마음을 움직였다. 몇 주 후 S목사는 쓰레기 마을에 살고 있는 자신의 교회 청년들을 편성해서 거리 청소를 시작했다. 마치 쪽방촌을 연상시키는 이 작은 마을의 좁은 골목은 얼마 지나지 않아서 깨끗해졌다.

이 마을의 중심에는 한 국제단체가 건립해 준 마을 회관이 있었다. 주일이면 3개의 교회가 예배를 드리고, 마을 주민이 결혼식을 하는 공간이다. 그런데 이 건물 또한 오래 방치되어 건물이 낡고 페인트가 벗겨져 있었다. S목사와 교회 청년들은 우리와 함께 마을 회관이자 교회인 이곳을 며칠 동안 늦은 밤까지 수리했다. 성탄이 되자 정말 마을은 몰라보게 달라졌다. 비록 좁은 골목이지만 이제는 더 이상 골목에서 쓰레기와 파리떼를 찾아볼 수 없었다. 또 마을 중심에 있는 교회에서는 구유에 나신 메시아를 맞이하는 찬양이 울려 퍼졌다. 현재 S목사는 I, R시에 있는 10여 명의 사람들을 2년간 일대일로 양육하고 있다. 장차 이 나라의 교회 지도자가 될 이들의 삶을 위해 파이오니아 아카데미를 우리와 같이 세워서 책임자로 동역하고 있다.

chapter 6

선교는
성령의 행전이다

조직이나 계획, 전략은 없다

선교적 교회에서 가장 중요한 것은 철저히 성령님의 인도하심을 받아야 한다는 것이다. 선교는 교회의 프로그램이 아니다. 프로그램은 성령님의 인도 없이도 진행될 수 있지만, 선교는 한치 앞을 내다볼 수 없기에 우리가 할 수 있는 것이 아님을 배우게 된다.

그래서 선교하는 교회는 늘 기도에 전념해야 하고, 기도하는 가운데 성령님의 인도하심을 받고 성령님이 이끄시는 대로 나아가야 한다. 그럴 때 열매가 맺힌다. 그런 의미에서 또감사선교교회는 선교 전략을 세우지 않는다. 때로는 무식하다 싶을 정도로 조직이 없고, 계획이나 전략도 없다. 그런데 늘 마음에 두는 것이 있다면 "성령의 이끄심"이다. 성령님의 인도하심을 받는 개인, 가정, 교회는 때때로 과정이 고달프고 어려울 수도 있지만, 그 결과를 하나님께서 귀하게 받으시는 것을 수없이 목격한다.

그렇기 때문에 선교는 예측할 수 없는 일이고, 성령님은 때때로 준비된 일꾼들을 통해 그분의 영광을 나타내길 기뻐하신다. 또감사선교교회의 선교는 주님이 말씀하시면 바로 순종하며 그 일을 감당한다. 우리에게 필요한 것은 성령님의 인도하심이다.

성령님은 또감사선교교회가 2004년 5월 정식으로 창립 예배를 드리기 한 달 전, 사순절 기간 동안 24시간 체인 기도로 교회를 준비시키셨다. 또감사선교교회 파송 선교사였던 박면기 선교사의 인도 아래 기도팀을 2개로 나눠 한 팀은 중국으로, 다른 한 팀은 소련으로 북한을 감싸고 백두산 천지에 올라가 하나님께 기도드렸다. 그 체인 금식 기도를 통해서 하나님은 또감사선교교회에게 한반도를 품는 마음을 주셨다고 생각한다.

성령님의 인도하심을 생각할 때 가장 강하게 떠오르는 사역은 인도 선교였다. 2009년에 캐나다 토론토에서 GKYM이라는 대회가 열렸다. 나는 청년들에게 선교 사역을 도전하는 그 대회에 강사로 참석하게 되었다. 그때 미전도 종족 전도에 열정이 있는 안강희 선교사와 같은 방을 쓰게 되었다. 안 선교사는 나를 만난 첫날부터 "지금은 인도에 있는 미전도 종족을 섬겨야 할 때입니다!"라고 계속 말했다.

한반도를 품게 만든 백두산 기도회

　이것이 우연이었을까? 돌이켜 보건대 "성령님의 인도하심"이라고 확신한다. 3일 동안 룸메이트에게 세뇌를 받고 교회에 돌아와서 리더들과 인도 선교에 대해 나눌 때, 모두 기쁜 마음으로 인도에 있는 미전도 종족들을 섬기자고 찬성했다. 성령님이 일하실 때는 무리 없이 이루어 가신다는 것을 배우는 순간이기도 했다. 인간이 모여서 의논할 때는 자연스럽지 않을 때가 있다. 순탄한 것 같다가도 어느 순간 답답하게 막힐 때가 있다. 그러나 성령님이 이끄시는 길은 험곡을 지나는 것 같아도 그 길이 옳은 길임을 마음으로 체험하게 된다.

　리더들과 여러 차례 인도를 방문하면서 구체적으로 해야 할 일들을 소개받았다. 그리고 매년 여름과 겨울, 또감사선교교회에 단기 선교팀을 인도로 보내기 시작했다.

선교에 동참하며 자란 아이들은

어떤 해는 100명이 넘는 단기팀이 인도에 갔다. 나이가 80세인 최찬영 목사(해방 이후 최초로 한국에서 파송한 선교사)도 참여했고, 열 살 먹은 유년부 학생도 참가했다. 100명이 한 번에 가게 된 그 해에는 사업하는 부부가 함께 자리를 비울 수가 없어 한 분만 가기도 하고, 온 가족이 여름휴가를 "의미 있는 여행"으로 바꾸기도 했다.

현재 또감사선교교회는 여름 단기 선교를 가족별로 참여하는 경우가 있다. 이민 교회의 큰 이슈 가운데 하나는 2세 교육이다. 2세들이 고등학교를 졸업하고 대학에 가면 80%가 교회를 떠난다는 통계가 있다. 그 문제에 대한 해결책이 단순하지는 않지만, 한 가지 대안을 제안한다면, 아이들이 어렸을 때 영적인 체험을 하도록 돕는 것이다. 비록 아이들이 대학을 들어감과 동시에 교회를 떠난다 해도, 혹은 대학 졸업과 동시에 교회를 잠시 떠나도, 어렸을 때 주님을 만나서 그분이 인도하시는 것을 본 아이들은 분명히 돌아오게 된다. 사실 또감사선교교회에서 선교 훈련에 동참하면서 자란 아이들은 자라서도 대부분 선교에 동참하며 큰 꿈을 꾼다. 이것이 선교적 교회를 감당할 때 누리는 영

인도 단기 선교 중 박경숙 집사의 간증 사역

적인 축복 중에 하나라고 생각한다.

인도 선교에서는 성령님의 역사를 많이 목격하게 되었다. 매년 각 팀마다 다른 경험을 했다. 어떤 해는 각 팀마다 성령의 기적을 맛보게 하시고, 어떤 해는 말씀으로 양육하는 시간을 허락하셨다. 또 어떤 해는 기도 사역을 시키셨다. 병자에게 손을 얹고 기도하는데 갑자기 치유되는 것을 보고 모두 놀라기도 했다.

한번은 기도 중에 젊은 자매에게 방언이 터져 스스로 그 모습을 보고 놀랐던 적도 있다. 늘 조용하던 한 집사는 어떤 마을에서 간증하다가 갑자가 성령님이 강하게 역사하셔서 큰 목소리로 담대하게 복음을 전하기도 했다. 그때 그 모습을 보면서 "성령님이 하셨습니다"라고 고백하지 않을 수 없었다.

안강희 선교사는 인도에 있는 수많은 미전도 종족을 위해 모든 것을 건 사람처럼 열심을 내서 전진했다. 우리 교회가 그 귀한 영혼 구원 사역에 동참하게 되어서 얼마나 감사한지 모른다. 단기 선교를 통해 한 해에 4만 명씩 복음을 접하고 주님께 돌아오는 영혼들을 보면서 우리는 하나님께 감사할 수밖에 없었다. 그리고 이들을 양육하기 위해서 현지 사역자를 훈련하기 시작했다. 또감사선교교회는 10만 명의 현지 사역자를 훈련시키는데 동참했고, 그 결과 백만 명이 넘는 인도의 미전도 종족 영혼들이 하나님께 돌아오며 영광을 돌렸다.

최전방에서 인도 미전도 종족을 섬기는 일에 영적인 리더십을 발휘하는 안강희 선교사의 글을 통해 은혜를 나누고 싶다.

모든 족속에게 향하신
하나님의 뜻

_ 안강희 선교사

하나님께서 또감사선교교회를 통해 인도의 잃어버린 자들, 미전도 종족들을 구원하도록 이끌어 주신 것을 감사한다. 오랫동안 기도와 귀한 선교 헌금으로 동역하고, 무더운 일기에도 불구하고 성도들이 직접 와서 무교회 동네들을 다니면서 복음을 전한 것에 대해 인도 교회를 대신해 감사를 드린다. 또감사선교교회의 동역은 인도 미전도 종족 개척에 돌파구가 되었다.

가장 많은 미전도 종족이 사는 나라 인도

2004년까지만 해도 인도는 전 세계에서 가장 많은 미전도 종족이 사는 나라였다. 그러다가 2009년부터 또감사선교교회가 미전도 종족들을 입양해 교회 개척을 시작했다. 인도 사역자들을 위해 기도하고 후원하면서 2014년 6월까지 인도에는 인구 2만 명 이상의 미전도 종족이 개척 중이다. 2000년 동안 개척되지 않고 있었던 540개 이상의 미전도 종족이 10년 안에 기적과 같이 개척되었다.

인도의 농촌 인구 가운데 70%는 성경책을 읽어도 이해하지 못하는 기

안강희 선교사와 함께 한 선교 사역들(선교에 동참하며 자란 아이들)

인도에서의 복음 증거

능적 문맹인이다. 또감사선교교회의 후원으로 그들에게 그림 성경책과 녹음된 성경 테이프와 CD를 제작해 복음을 전할 수 있었다. 미전도 종족 개척에 필요한 전도와 사역, 그리고 예배 인도에 필요한 선교 자료를 인도 상황에 맞게 자체적으로 개발하는 일을 도와주어서 가능한 일이었다.

교인들이 스스로 다른 동네에서 교회를 개척

2009년 성탄절에는 또감사선교교회 교인들이 뉴델리 투클라카바드 지역에 와서 성탄절 행사를 했다. 그때 개척을 지원한 투클라카바드교회는 이제 주일예배에 100명 이상 예배를 드리고, 교인들이 뉴델리 주변 25곳에 교회를 개척했다. 2011년 7월에는 티날리시 주변 지역에서 120개 동네를 찾아가 가정교회를 세웠는데, 현재까지 76개의 동네에서 주일마다 예배를 드리고 있다. 76개의 교회를 통해서 다시 53개의 새로운 동네에 교회가 개척되었다. 76명의 동네 교회 목회자들이 세워졌고, 22명의 사역자들이 한 달간 훈련을 받아 개척하게 되었다. 이들 교회 중에 3곳은 교인이 210명이 넘게 성장했다. 인도 교회는 또감사선교교회를 본받아 교인들이 스스로 무교회 동네를 찾아가서 교회를 개척한다. 이제 곧 인도 교회가 주변 나라와 땅끝까지 가서 교회를 개척하는 날이 올 것이라 믿는다.

또감사선교교회 성도들이 인도 미전도 종족 개척 선교를 위해 기도하고, 피 묻은 헌금으로 섬겨 주고, 땀 흘려 가면서 인도의 무더위 속에서 복음을 전하며 교회를 세운 것에 대해 주님이 모두 갚아 주시기를 간절히 기도한다.

인도의 불가촉 천민 출신의 목회자를 섬기다(스파크 오리사)

선교는 모든 믿는 사람의 몫.
빚을 갚는 마음으로 시작한 선교는 세대를 이어 가고
세계로 확대된다.

Part 4

비전

chapter 1

빚을 갚는
선교

지금의 한국 교회가 있기까지

한국에는 대형교회가 많다. 세계에서 제일 큰 교회가 한국에 있다. 세계에서 제일 큰 장로교회, 침례교회, 감리교회, 하나님의 성회교회도 모두 한국에 있다. 이것이 얼마나 대단한 일인지 모른다. 불과 120년 전만 해도 기독교에 대해서 아무것도 모르던 나라가 어떻게 이렇게 될 수 있었을까? 그것은 우리 민족이 위대해서가 아니다. 수많은 사람의 눈물과 피의 희생이 있었기 때문이다.

미국과 영국에서 우수한 대학을 졸업한 젊은이들이 이 땅에 와서 복음을 전했다. 나는 그 복음의 열매를 우리가 보고 있다고 생각한다. 그래서 우리는 자랑할 것이 하나도 없다. 오직 자랑할 것이 있다면 그것은 하나님의 은혜뿐이다. 우리는 사도 바울이 고백한 것처럼 복음에 빚진 자이다. 그 빚을 조금이나마 갚고 싶은 마음에 선교에 동참하는지도 모르겠다.

우리를 위해 희생한 분들께 감사드리고 싶어서 시작한 사역이 '아이 케어'(I Care)이다. 찰스김 목사가 이 사역을 맡아서 섬겨 주었다. 한국전쟁이 끝난 지 60년을 맞이하면서 황무했던 대한민국을 재건하는데 도움을 준 수많은 기독교인, 교회, 선교사, 군인, 미국 시민에게 감사하기 위해 〈로스앤젤레스 타임스〉(Los Angeles Times)와 〈뉴욕 타임스〉(New York Times)에 전면 광고를 했다. 한 번 광고할 때 드는 비용은 큰 금액이지만, 꼭 감사를 표현하고 싶었다. 그 광고를 본 언더우드 선교사의 손녀인 그레이스 언더우드가 연락해 주었다. 그래서 그를 또감사선교교회로 초청했는데, 몸이 불편한 상황이라 그의 오빠인 리처드 언더우드 선교사가 사모와 함께 LA에 방문했다.

한국에서 태어나 많은 사역을 감당했던 리처드 언더우드 선교사는 은퇴한 뒤에 미국에 머물고 있었다. 낡은 외투를 입었지만 첫인상에서 온유함이 느껴졌다. 노부부는 한국에서 태어나 살았기에 한국말도 유창했다. 리처드 선교사가 전해 준 주일 말씀을 통해 성도들이 큰 격려와 도전을 받았다.

리처드 언더우드 선교사의 방문을 계기로 "영웅이었다!"라는 제목의 영상을 만들었다. 그 영상은 지금까지도 대한민국을 위해 헌신한

많은 분에게 감사를 표현하는 작은 도구로 사용되고 있다. 한번은 미국 장로교 은퇴 목사와 선교사가 모여 사는 곳에 초대를 받아 이 동영상을 나눌 기회가 있었다. 그 모임에는 내가 다녔던 선교신학교를 은퇴한 교수님 두 분이 계셨다. 연세가 80~90세가 다 되는 선교사와 목사에게 이 동영상을 보여 드리며 감사의 인사를 전했다.

"한국 교회가 성장한 것은 많은 선교사의 헌신과 희생이 있기 때문입니다. 감사합니다!"

그 모임이 끝나고 선교사들은 내게 찾아와서 고맙다고 말했다. 그날 나는 깨달았다. 비록 잘 만든 영상은 아니지만 이들에게 격려가 되고 감사하는 마음을 전할 수 있다는 것만으로 의미 있는 일이라는 것을 말이다.

우리는 많은 빚을 진 사람들이다. 누군가 복음의 메시지를 우리에게 전해 주었기에 지금 복음 안에 살고 있다. 빚을 생각할 때마다 나는 가장 먼저 토마스 선교사가 떠오른다. 조선 땅에서 최초로 순교한 토마스 선교사의 고귀한 희생으로 한국 교회는 시작되었기 때문이다.

1865년 26세 때 토마스 선교사는 첫 선교지인 상해에서 아내를 잃고 조선으로 향한다. 그는 1866년 27세에 제너럴셔먼호를 타고 대동강에 이르렀지만, 자신이 그토록 사랑하고 기도했던 민족에게 복음 한 번 전하지 못하고 허무하게 병졸의 칼에 죽는다. 당시 평양에 살던 12살 소년 최치량은 제너럴셔먼호 사건 현장을 구경갔다가 토마스 선교사가 뿌린 한

문성경 3권을 주워 온다. 그런데 금서인 책이 무서워 수거 책임을 맡았던 평양 감영의 박영식에게 가져다주었고 박영식은 훗날 자기 집을 지으면서 이 성경을 찢어 도배를 했다.

어른이 된 최치량이 박영식의 집을 사서 주막을 연다. 그리고 토마스가 죽은 지 27년이 지나 마펫 선교사 일행이 이 주막에 들르게 된다. 성경으로 도배된 방을 보고 놀라 주인 최치량을 불러 자초지종을 알아가는 과정에서 하나님의 놀라운 섭리를 깨닫게 된다. 최치량은 결국 예수를 믿게 되었고 그 집을 예배처로 드렸다. 그리고 이듬해인 1894년 1월 8일 세례를 받는다.

주막이었던 이 예배처가 평양 최초의 교회인 널다리골교회가 되었는데, 이 교회는 장대제교회가 되었고 후에 장대현교회가 된다. 그리고 이 장대현교회에서 1907년 1월 놀라운 성령의 역사가 일어난다. 평양 대부흥 운동이 그것이다. 토마스가 성경을 뿌리며 순교한 지 41년 만이었다.

토마스 선교사 순교 이후 미국 각 교단의 선교사들이 조선에 파견되어 복음의 씨앗이 뿌려졌다. 우리는 한국에서 복음을 전하는 일에 온 삶을 바친 선교사들에게 빚을 진 사람들이다. 이 복음의 빚을 다른 어두움 가운데 있는 민족들을 향해 나아가는 것으로 갚아야 한다. 주님이 부르시는 그날까지!

페이스 아카데미에 강당을 건축하여 선교사 자녀 교육을 지원했다

서양 선교사들의 자녀 교육을 지원하다

페이스 아카데미(Faith Academy)는 세계에서 가장 큰 선교사 자녀학교다. 과거에는 대부분 서양 선교사의 자녀를 섬기는 학교였다. 그러나 지금은 학생의 과반수가 한국 선교사 자녀들이다. 아직 한국 교회는 선교사 자녀까지 도울 생각은 하지 못하는 게 현실이다. 그래서 또 감사선교교회가 선교사 자녀학교인 페이스 아카데미를 돕는 일은 특별한 의미가 있다. 이 학교에 오랜 기도 제목이 바로 강당을 짓는 것이었다. 장도원 장로를 통해 강단을 건축할 수 있도록 도운 일은 한인 교회로서 뿌듯한 일이었다. 한인 선교사와 자녀들에게 자부심을 심어 주

는 일이었으며, 그동안 서양 선교사를 통해 받기만 하던 우리가 조금이라도 빚을 갚는 것이었다고 생각한다.

페이스 아카데미는 강당 건설 그 자체가 큰 간증거리였다. 당시에 함께했던 탐 교장의 마음을 전한다.

우리 학교는 1967년 처음 체육관이 지어진 이래 지금까지 미술부와 체육학과는 강당을 같이 사용했다. 초등학교 프로그램부터 시작해서 콘서트와 드라마 공연에 이르기까지 각종 행사가 같은 무대에서 치러졌다. 그렇기 때문에 항상 어려움이 많았다. 이전에 우리 학교를 오랫동안 교감으로 섬긴 단 보셀 선생은 이렇게 표현했다

"강당을 사용할 때 생기는 어려움은 모든 교직원의 성품 훈련에 크게 이바지했습니다!"

음향 시스템의 잦은 고장, 공연하는 학생들이 겪어야 했던 수많은 어려움 등은 이루 말할 수 없었다. 결국 1989년에 교육위원장이던 데니스 보간 박사는 예술학부를 위한 다목적 강당을 건축하기 위해 발전 기획안을 세웠다. 그리고 1993년 학교 이사회는 건축 비용을 마련하기 위해 긴 회의를 했다.

"우리 주님은 신실하신 하나님이십니다. 이 건축 프로젝트를 위해 학교 공동체와 교직원 모두가 믿음으로 기도할 것을 요구합니다. 필요한 재정을 채우실 신실하신 하나님께 말입니다."

이 프로젝트를 위해 대부분의 학부모가 선교사인 우리 학생들의 등록

금을 인상하지 않기로 결정했다. 필요한 재정을 주님께서 친히 채워 주실 것을 믿기로 한 것이다.

우리가 선교사 자녀 학교를 계속 후원해야 되는 이유 중 하나는 그들이 다시 선교사로 헌신하기 때문이다. 그 예로 베다니 이야기를 소개해야 될 것 같다.

베다니 이야기

베다니는 페이스 아카데미에서 유치원부터 고등학교까지 다니다가 2011년에 졸업한 학생이다. 베다니가 학생일 때 2번에 걸쳐 A국에서 페이스 아카데미를 방문했다. 그 특별한 손님들이 두 번째 학교를 방문했을 때 베다니는 그들과 연락을 주고받기 시작했다. 그 나라에 많은 도움이 필요하다는 사실을 알게 된 베다니는 교육학을 공부해 아시아의 어려운 나라에서 쓰임 받고 싶다는 비전을 품게 되었다.

학교를 졸업하자마자 캐나다 밴쿠버에 있는 트리니티 웨스턴대학교에 있는 5년 과정의 사범대학에 진학했다. 입학한 지 얼마 되지 않은 어느 날 출석하던 교회에서 주변의 아랍계 사람들에게 복음을 전하는 전도 행사를 한다는 소식을 접했다. 학교 주변에는 이란, 이라크, 아프가니스탄, 파키스탄 등 중동 지역에서 이민 온 사람들이 많이 살고 있

수영장 헌당 예배에서 세례받는 학생

었다. 그래서 교회가 그들을 위해 영어와 성경을 가르치고 있었다. 그때 부모를 따라온 아이들을 돌보는 손길이 많이 필요하다는 사실을 알게 되었다. 그래서 베다니는 금요일마다 그 모임에 참석했고, 점차 시간이 지나면서 중요한 리더십의 위치에 서게 되었다.

2월 어느 날 교회는 학생회 차원에서 금요일 봉사를 공식적으로 관리해 달라고 부탁해 왔다. 그리고 베다니에게 자원봉사자를 모집하는 일과 아이를 돌보는 프로그램을 개발하는 일 등의 전체 운영을 책임져 달라고 했다.

베다니는 여름 방학 동안 그 동네에서 일하며 매주 금요일마다 모임에 참석하며 섬겼다. 매주 조금씩 다르기는 했지만 5~15살 사이의 어린이들이 15~ 40명 정도 참석했다. 저녁 프로그램은 게임, 만들기, 노래, 성경 공부로 이루어졌다. 부모들은 자녀들을 위해 준비된 프로그램에 매우 만족했다. 그분들 중 몇몇은 고마움의 표시로 작은 선물을 준비하거나, 집에 초대하기도 했다. 그 중 여학생 두 명은 베다니에게 멘토가 되어달라고 부탁했다.

베다니는 새로운 학기를 위해 자원봉사자들을 구하고, 어린이들을 위한 프로그램을 기획하여 지역사회 안에서 좋은 관계를 형성하는 일을 한다. 베다니는 항상 분주하지만 신나는 시간을 보내고 있다.

chapter 2

선교의 바통을
이어 가다

선교는 주님의 지상 명령

선교는 주님께서 제자들에게 명확하게 말씀하신 지상 명령이다. 주님의 마음을 이해한 제자들은 자신의 목숨을 바쳐서라도 모든 민족에게 나아가 아버지와 아들과 성령의 이름으로 세례를 베풀고, 주님께서 가르쳐 주신 말씀을 가르치고 지키게 함으로 제자를 삼았다. 그 선교적 삶의 열매는 다음 세대로 이어졌고, 수많은 기독교인은 박해 가운데서도 복음의 불씨를 계속 타오르게 했다.

또감사선교교회가 선교적 교회를 감당하면서 배운 것은 곳곳마다 한 세대에서 다음 세대로 복음의 바통이 이어진다는 것이다. 우리 교회와 동역하면서 사역의 열매를 맺는 아름다운 선교 이야기를 전하고 싶다.

미국 대학교에서 농구 스타로 NBA에 스카우트 제안을 받았던 하러맨 선교사. 그는 모든 명예를 뒤로하고 필리핀의 선교사 자녀학교, 페이스 아카데미의 체육 선생으로 헌신했다. 그리고 그의 아들 탐이 지금 페이스 아카데미의 교장이며 우리 교회와 협력하는 선교사다.

페이스 아카데미가 수영장을 헌당하는 날, 하러맨 선교사는 울먹이며 말했다.

"지난 30년간 이 수영장을 위해 기도했습니다. 그리고 하나님은 오늘 이 기도의 열매를 볼 수 있게 해 주셨습니다!"

더운 필리핀에서 선교사 자녀들에게 꼭 필요한 수영장을 짓기 위해 지금껏 노력했는데 여러 번 계획이 무산되었다. 그러다 또감사선교교회에서 섬길 수 있는 기회가 왔다. 학생들이 헌당 예배에 와서 수영장에 들어가 세례받는 모습을 지켜보는 것은 감동 그 자체였다.

하러맨 선교사는 아직도 체육 교사로 아이들을 섬기고 있으며, 그의 자녀들은 잘 성장해 모두 선교사가 되어 세계에 흩어져 있다. 우리와 가까이 지내는 하러맨 선교사의 아들 탐(페이스 아카데미 교장)을 볼 때면 선교의 바통이 다음 세대로 이어지는 것이 얼마나 귀한지를 다시금 느끼게 된다.

수영장 헌당 예배에서 K선교사에서 세례받는 A국 형제

수영장 헌당 예배에서 세례받은 학생들을 보면서 얼마나 마음이 뜨거워졌는지 모른다. 특히 A국에서 이 학교에 견학 왔던 선생 중에 K선교사에게 훈련을 받은 한 형제가 있었다. 그가 견학을 마치고 돌아갈 때 받은 성경으로 복음을 접하고 다시 이곳에 와서 세례를 받았다. 당시 A국에서 온 분들로 인해 학교 전체가 많이 긴장했지만 그 열매가 얼마나 귀한지 모른다. 또 감사선교교회 리더들은 이곳에 찾아가 선교의 필요를 채우게 되었고, 그로 인해 초등학교에 이어 중학교와 고등학교까지 학교 사역은 확장될 수 있었다.

선교는 결코 멈추지 않는다

선교가 바통을 이어 가는 것임을 알게 하는 이야기가 또 하나 있다. 2007년 팔레스타인 H지역을 방문했다. 그곳에는 크리스천 초등학교가 있었다. 미혼이었던 삼십 대 초반의 쌍둥이 여성 자매가 전쟁으로 폐허가 된 곳에 직접 찾아가서 학교를 세우고 운영하였던 것이다. 그런데 H지역은 100% 무슬림이 산다. 그러니 이 학교에 입학하는 학생들은 거의 무슬림 자녀들이다. 그런데 놀라운 것은 학교에 들어가기 위해서 상당히 많은 시간 대기해야 한다는 것이다. 아침 공부를 시작하기 전에 찬송을 부르고 설교 말씀을 듣는데도 말이다.

팔레스타인 H지역에 있는 크리스천 학교를 지원하다

이 학교가 재정적인 어려움을 겪을 때 또감사선교교회 리더들이 이곳에 찾아갔다. 그때 장도원 장로, 오성연 장로, 옥우원 장로 그리고 하재식 목사와 내가 방문했다.

초등학교에 이어 중학교와 고등학교까지 학교 사역은 확장됐다. 이곳에서 40년 가까이 사역하고 본국으로 떠난 쌍둥이 자매의 사진이 학교 한 곳에 붙어 있었다. 미혼의 젊은 여성들이 황폐한 곳에 주님의 사랑으로 찾아와서 평생을 드린 아름다운 삶! 나는 그 사진을 보면서 그들의 삶이 마음에 전해 오는 듯했다. 그리고 내 마음을 뜨겁게 했던 것은 이 자매 선교사가 사역을 감당할 때 어린 학생이었던 팔레스타인 학생이 지금 학교 교장으로 아이들을 섬기고 있다는 사실이다. 선교는 바통을 이어 계속 진행된다. 선교는 결코 멈추지 않는다. 이것이 얼마나 큰 축복인가!

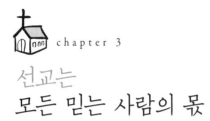

chapter 3

선교는
모든 믿는 사람의 몫

또감사선교교회의 지난 10년간의 사역을 돌이켜 보면서 깨닫는 가장 큰 축복 중에 하나는 모든 성도가 선교를 교회의 본질이라고 여기며 달려왔다는 것이다. 그래서 그런지 우리 교회의 모든 성도는 선교적 삶을 살아가는 비거주 선교사들이라 할 수 있다. 그리고 우리 교회의 장로와 안수 집사는 각각 한 나라를 품고 섬기는 선교적 삶을 살아가고 있다.

또 감사한 것은 칠십 세가 넘은 박광자 선교사를 일본에 파송한 것과, 임갑순 선교사를 몽골에 파송한 것이다. 임갑순 선교사는 은퇴한 뒤에도 선교사로 떠날 수 있다는 것을 몸소 보여 준 분이다. 몸이 불편해 선교지에서 돌아왔을 때 자녀들을 포함해 주위 사람들은 다시 떠나는 것을 만류했다. 그러나 임 선교사는 선교지에서 하나님의 부르심을 받는다고 할지라도 주님을 향한 그 사명을 끝까지 감당하겠노라 고백하며 80세의 나이에 몽골로 떠났다.

박광자 선교사는 내가 다녔던 풀러신학교 선교학 교수였다. 젊은 날에 서울 영락교회 파송 선교사로 브라질 아마존에 갔다가 안식년을 맞아 미국으로 왔다. 이때 나성영락교회를 섬기던 김계용 목사의 권유로 나성영락교회의 교육부를 맡아서 수많은 제자를 기른 교육자요, 선교사요, 귀한 하나님의 여종이다. 또감사선교교회가 박광자 선교사를 그분이 태어난 일본 나고야로 파송한 것은 교회의 축복이었다. 선교는 나이와 상관없이 모든 사람의 몫이라는 것을 배운다.

선교는 우리의 상황과 상관없다. 하나님이 부르시면 언제든지 달려갈 수 있는 것이 축복이다. 목회자건 평신도건 우리 모두는 지상 명령을 받은 하나님의 사람들이다. 그것을 삶으로 보여 주는 우리 교회 성도들을 소개하고 싶다.

선교부장 옥우원 장로

농담 반 진담 반으로 "저는 비거주 선교사입니다!"라고 말하는 옥우원 장로가 있다. 그는 지난 10년 동안 또감사선교교회에서 선교부장을 맡아 수많은 나라를 방문하며 선교 사역에 기도와 마음을 부은 분이

방글라데시 아이들과 나눈 주님의 마음

다. 동생 옥창호 장로가 인도하여 늦은 나이에 교회에 다니게 되었다. 예수님을 인격적으로 만난 그 첫사랑의 감격이 옥우원 장로를 성장하게 했다. 예수님을 닮은 따뜻한 마음으로 선교지를 바라보며 선교에 앞장선다. 지난 10년을 돌아보면 선교지에 갈 때 옥우원 장로와 가장 많이 동행한 것 같다.

성도들은 대부분 직업이 있기에 선교지에서 오래 머물지 못한다. 때때로 비행기 값이 엄청난데 이 짧은 시간을 머물기 위해서 선교지를 방문하는 게 큰 의미가 있을까 생각할 때도 있었다. 하지만 선교지에 방문하면 우리의 마음은 늘 주님께로 향하게 된다. 비록 선교지에 오래 머물며 많은 일을 할 수는 없을지라도 방문할 때마다 우리가 심은 기도는 하나님의 시간에 풍성한 열매를 맺게 될 것이라 믿는다.

옥우원 장로는 오은규 선교사의 도움으로 성경 공부를 인도하는 훈련을 받았고, 나중에 중남미 교회의 지도자들을 양육할 때 귀한 일꾼이 되었다.

방글라데시를 품은 지현석 장로

또 한 분은 선교지 한 곳을 매년 찾아가는 지현석 장로다. 그는 10년 동안 방글라데시를 섬겨 왔다. 또감사선교교회 제임스강 전도사와 전주 비전대학교 학생들을 동원해서 매년 두 차례씩 방글라데시를 꾸준히 섬기고 있다. 방글라데시 하면 지현석 장로가 바로 떠오른다. 비록 방글라데시에 거주하지는 않지만 그 나라를 품었다는 사실을 부인할 수 없다. 선교가 자신이고, 자신이 선교라는 인식을 가지고 삶을 살아가는 기독교인의 모습이라 생각한다.

오랜 시간 선교를 하면서 깨달은 원리가 있다면 선교는 마음을 심는 일이고, 심겨진 선교적 마음은 하나님께서 그분의 시간에 자라게 하신다. 그리고 마음을 심은 자들에게는 하나님께서 채우시는 영적인 은혜가 분명히 있다.

복음을 전하며 보았던 별
뜨거운 감사의 눈물

_ 옥창호 장로

하나님께서 내게 주신 캄보디아를 마음에 품고 처음으로 방문한 날을 기억한다, 캄보디아의 봇뱅이라는 지역을 방문했는데, 내 눈을 의심하지 않을 수 없었다. 전기도 없고, 아이들은 맨발에 반바지 하나 입고 생활하며, 빗물을 받아 식수로 사용했다.

마을을 한 바퀴 돌고 아이들 앞에 섰다. 서너 살 되어 보이는 아이가 손을 내밀었다. 몸이 까맣고 삐쩍 마른 아이였는데, 커다란 눈으로 나를 바라보는 게 꼭 안아달라는 것 같았다. 내 손을 내밀다가 잠깐 갈등했다. 그 아이 손바닥에 고름이 누렇게 묻어 있었던 것이다. 내민 손을 거둘 수 없어 잡았는데 미끈미끈한 고름을 느껴져 금방 후회했던 적이 있다.

그렇게 시작한 캄보디아 선교가 5년이 되어 간다. 그동안 여름, 겨울 두 차례씩 방문하여 주님의 사랑과 복음을 나눴다.

한동대 학생들과 같이 갔던 그 여름밤을 지금도 잊을 수가 없다. 봇뱅에서 하루 종일 성경 학교를 했다. 저녁을 먹고 쉴 시간이 되었는데, 소문이 마을을 넘어 타 지역까지 이르러 아이들이 계속해서 밀려 왔다. 게임, 찬양, 말씀을 나누고, 일대일 전도를 한 뒤 영접 기도를 할 순간이 왔다.

칠흑 같은 어둠 속에서 랜턴을 의지해 성경 구절을 보며 복음을 전했다. 〈로마서〉 10장 10절, "사람이 마음으로 믿어 의에 이르고 입으로 시인하여 구원에 이르느니라"는 말씀을 가지고 전 대원이 일사분란하게 복음을 전하다가 문득 하늘을 올려다보았다. 총총한 별들, 하나님이 아브라함에게 약속하셨던 그 별이었다. 뜨거운 눈물이 흘렀다. "우리를 이렇게 써 주시는구나" 하는 감사의 눈물이었다.

같이 갔던 중·고등학생, 대학생들은 선교 기간 동안 각각 60~80명에게 전도할 수 있었다. 아이들 앞에만 앉으면 기계적으로 전도가 나올 정도로 많이 했다.

복음은 그렇게 우리 가슴팍에 새겨졌고 그 빛나던 별처럼 오늘도 우리 삶을 밝히고 있다.

그날을 기억하며 다시 한 번 다짐한다. 선교의 삶을 살겠노라고….

A국의 아이들

_ 문현덕 장로

  2006년 3월 장도원 장로님과 함께 A국을 방문했다. 미국을 거의 패닉 상태로 만든 9·11 테러가 있은 지 5년 후다. TV를 통해 알게 된 나라, 그곳의 사람들은 모두 악당일 것 같았다. 한국 시골의 버스 터미널 같은 공항을 통해 그 나라 땅을 처음 밟았다. 공항에는 민간 여객기보다 전투기와 군 수송기가 더 많았고, 거리에는 미군 군복을 입은 남자가 많았다. 미군 물품을 파는 거리 시장도 아주 활발해 보였다. 한국 전쟁 당시 부산의 피난 광경을 보는 것 같아 오히려 친근했다.

  차를 타고 아스팔트가 잘 닦인 도로(이 도로에서 샘물교회 납치 사건이 있었음)를 따라 3시간을 가다가 갑자기 길도 없는 사막으로 들어갔다. 지나간 차들이 만들어 놓은 어지러운 길을 따라 달렸다. 운전사는 그 길을 따라가다 잠시 세우고 지형을 살피기를 반복했다. 그렇게 도착한 곳은 풀 한 포기 없는 산골짜기 마을이었다. 그곳에 유니세프(UNICEF)에서 보내 준 텐트로 만든 학교가 있었다. 군인 막사 같은 곳에서 A국의 아이들이 공부하고 있었다. 2~3시간 산길을 걸어서 온 아이들도 있었고, 주중에는 근처 친척 집에서 생활하는 아이들도 많았다. 학교가 없었던 이곳에 5년 전 시작한 텐트 학교는 문전성시를 이루었다. 지저분한 텐트 안이지만 아이들은 신발을 텐트 밖에 벗어 놓고 들어갔다. 누구의 것인지 구별이 안 되는 똑같은 신발 수십 켤레가 가지런히 놓인 것을 보고 우리와 참 비슷하다고 생각했다.

그 광경을 보고 우리는 주저하지 않고 이곳에 햇빛과 비라도 가릴 수 있는 학교를 지어 주기로 했다. 우리는 마을 사람들이(학부형) 직접 참여하여 마을 학교를 지어야 한다는 현지 K선교사의 제안을 따르기로 했다. 그렇게 시작하여 4곳에 마을 학교를 지을 수 있었다. 첫 2개 마을 학교 준공식에 맞춰 한국 비전대학과 또감사선교교회가 협력하여 여름 단기 선교를 하게 되었다. 참여하는 모든 사람이 처음 가는, 그것도 늘 전쟁이 있다고 들은 곳에 가는 것이었다. 많은 기대를 하고 마음의 준비도 단단히 했다.

숙소에서 학교까지 험한 산길을 1시간 30분 정도 가야 했다. 긴장과 피곤으로 자동차만 타면 졸기 일쑤였고, 여자들은 밥을 제대로 먹지 못했다. 화장실 때문이라는 것을 나중에 알게 되었다. 그러나 학교에 모인 아이들의 맑고 천진한 모습에 반해 사역이 시작이 되면 금세 피곤이 사라지고 마음은 기쁨으로 한바탕 축제를 하곤 했다. 그곳의 선생님들은 아이들이 조금만 잘못하면 바로 손이 올라가거나 큰 소리로 다그쳤는데, 그 모습이 마치 60~70년대 우리나라 선생님과 똑같다고 생각했다.

4곳에 마을 학교를 지으며 그곳 사람들과 친구가 되어 갔다. 더 많은 마을에 학교를 함께 짓자고 약속한 여름 어느 날, 샘물교회 단기 선교팀 납치 소식을 듣게 되었다. 그때 우리 교회 단기 선교팀도 A국에 있었다. 우리는 어렵게 친구가 된 그들을 뒤로하고 돌아올 수밖에 없었다.

당시 300개의 마을에 학교를 짓기로 마음을 먹었는데, 아직 그 일이 끝

천막 바깥에 가지런히 놓인 신발들

났다고 생각하지는 않는다. 언제고 하나님께서 길을 열어 주시면 다시 그 사역은 시작될 것이다.

2014년 여름 어느 날 P국의 맥도날드에서 그때 그 아이들을 만나 반갑게 끌어안았다. 그곳에 장학생으로 공부하러 온 것이다. 코 흘리며 지저분했던 그 아이들이 A국의 차세대 리더로 자라고 있음을 보면서 지속적으로 그 사역을 하지 못한 아쉬움이 더 커졌다.

새벽 빗속에 길을 나서 그 마을을 향해 달릴 때, 산속을 지나면서 비가 눈으로 바뀌어 앞이 안 보일 정도로 내렸다. 그런데 돌아갈 근심보다 아이들에게 가방을 줄 수 있다는 것에 더 기뻐서 웃었던 K선교사와 나는 정말 대책 없는 사람인지도 모른다. 그러나 그날이 바로 내 인생에서 참으로 소중한 시간이었음을 고백할 수밖에 없다.

주님 감사합니다.

인도에서 경험한
선교 현장

_ 구정훈 장로

　　인도의 성지라 일컬어지는 바라나시를 갔다. 갠지스 강을 건너고 한참을 달려 한적한 마을에 도착했다. 그곳에서 마을 사람들과 함께 예배드리고, 근처 물가에서 많은 사람에게 세례를 베푸는 행사를 마쳤다.

　　나는 현지인 운전수, 현지인 사역자 두 명, 우리 교회 여자 집사님 두 명과 함께 차를 타고 바라나시로 돌아가고 있었다. 한참 복잡한 시장터를 지날 때 5대의 차량 중 후미에 있던 우리 차의 운전수가 잠깐 무엇을 사야겠다며 시장 한복판에 차를 세웠다. 운전수가 어디론가 사러 간 사이 우리 차를 향해 한 인도 청년이 다가왔다. 우리는 대수롭지 않게 여겼고, 시장 사람들을 구경하며 각자의 생각에 몰두했다. 바로 그때 우리 차에 다가온 인도 청년이 알 수 없는 언행을 하자 함께 타고 있던 현지인 사역자의 눈치가 심상치 않았다. 우리 일행에게 선교하려고 온 사람들이 아니냐면서 큰 소리로 떠들어대는 바람에 시장에 있던 많은 사람이 삽시간에 몰려들었다.

　　20살도 되지 않은 현지인 사역자는 아무 대처도 못하고 떨고 있었다. 나 역시 당황하지 않을 수 없었다. 어떻게 대응할지 몰라 상황을 주시하고 있는데, 갑자기 군중들이 우리 차를 이리저리 밀기 시작했다. 함께 있던 집사님들도 안절부절못하며 "구 집사님! 빨리 어떻게 해 보세요" 하고 다급하게 말했다. 급기야 우리에게 여권을 보여 달라 요구하는 그 인도 청년에게 호통을 치며 대응하는 일이 벌어졌다. 그때쯤 옆에서 나타난 운전수를 빨리 타게 하여 무조건 앞으로 가게 했고, 우리는 그 현장을 간신히 빠져나올 수 있었다.

앞서 나아가던 다른 차들이 우리가 따라오지 않자 무슨 상황인지 알지 못하고 걱정하며 우리를 기다리고 있었다. 자초지종을 전하고 우리는 두근거리는 가슴을 쓸면서 서둘러 숙소로 돌아갔다. 얼마 전 인도에서 선교하던 한 독일계 선교사 가정이 타고 있던 차 안에서 인도 군중들의 방화로 목숨을 잃었다는 기사를 보았기에, 우리 일행은 긴장할 수밖에 없었던 것이다.

초창기의 중국 단기 선교 때는 죽음을 각오하고 진지한 마음으로 선교했다. 하지만 그때도 신변의 위협을 느끼지 못했다. 그래서 이 사건은 내게 많은 것을 생각하게 했다. 많은 교회가 마치 단체 여행이라도 떠나듯 준비하는 단기 선교가 얼마나 위험할 수 있는지, 또 얼마나 심각한 상황이 벌어질 수 있는지 알게 된 것이다. 단기 선교팀은 철저하게 훈련하고 준비해야 한다. 현지 환경과 상황에 대한 정보를 알아야 하기에 현지 선교사와의 협력과 안내가 꼭 필요하다. 우리의 사역에 늘 하나님의 돌보심과 인도하심이 있기를 간구하고 또 임마누엘의 하나님께서 진정 함께하심을 선포한다. 하지만 우리들도 철저히 훈련받고 준비해야 하며, 기도와 말씀으로 무장하고 나아가야 하는 것이다.

필리핀 민다나오 섬의
카가얀데오로에서

_ 박종윤 장로

2005년 7월, 처음 민다나오 섬에 도착했다. 탈레반의 훈련 캠프가 있고, 반정부 시위가 잦으며, 폭발 사건이 비일비재하여 선교 사역이 위험한 지역이어서 필리핀 현지인도 가지 않으려는 곳. 그런데 그곳에 도착한 우리 단기 선교팀은 전혀 위험을 느낄 수 없었다. 우리 팀이 이 지역에 온 첫 선교팀이라고 하신 임남수 선교사 부부를 만나 지난 7년 동안의 사역을 들으며 무슬림 지역에서 하는 사역의 어려움을 다시 한 번 느낄 수 있었다.

카가얀데오로에서 하룻밤을 지내고, 지프니를 타고 3시간 이상 산길을 달려 도착한 곳은 무슬림이 99%이고, 전기와 수도가 없는 포따온마을이었다. 촌장과 주민들을 만나고, 우리가 사역할 어린 학생들도 만났다. 어린이들은 어느 문화이든 관계없이 순진해서 마음을 나누기가 쉽다. 게임, 만들기, 운동으로 아침부터 해 떨어질 때까지(그 이후는 전기가 없으니 불가능) 땀을 흘리며 3일을 같이 보냈다. 팀원들 모두 더 있고 싶었지만 신변에 위험할 수도 있다며 선교사님이 말리셨다. 우리 팀이 포따온마을에 있었던 며칠, M-16으로 무장한 군인 5명이 24시간 우리를 경호하고 있었다.

마을 학교 포따온 아카데미를 섬기기 위해 그곳에 갔지만, 그 사역과 함께 우리가 풀어야 할 더 중요한 사안이 있었다. 그 학교 졸업생들이 진학할 곳이 없었던 것이다. 그나마 크리스천 교육을 받았는데 이제 예수님을 알게 된 그 학생들을 다시 무슬림권으로 보낼 수는 없기에 방법을 강구해야 했다.

카가얀 시내에 다른 한국 선교사님이 운영하는 임마누엘 미션스쿨이 있어서 졸업생 16명 중 15명을 그 학교에 진학시켰다. 시내에 작은 아파트를 빌려 기숙사로 사용하다가 교회 헌금으로 큰 땅을 구입하여 건물을 지었다. 임마누엘 학교를 졸업한 학생들이 매해 늘었다. 첫해 졸업생 중 여럿은 이미 대학까지 졸업하여 직장을 가진 성인이 됐다. 어떤 학생은 선생님이 되어 자기 출신 마을로 돌아가 학생들을 가르치며 복음을 전한다.

졸업한 동문들은 모임도 가진다. 전도하기 위해서다. 기숙사에는 아직 복음을 접하지 못한 학생들이 있기 때문이다. 이 학생들은 무슬림을 한 명이라도 더 예수님께 인도하기를 기도한다. 이들이 바른 그리스도인으로 성장하기를 기도한다. 매년 그 학생들이 변하는 모습을 볼 때마다 가슴이 벅차오른다.

방글라데시의 축구 사역

_ 지현석 장로

　　2006년 7월 방글라데시의 첫 사역으로 쿤라 지역에 단기 선교를 떠났다. 0.2%의 사람만이 예수 그리스도를 믿는, 열악하고 배타적인 방글라데시에서 깊고 외진 지역이었다. 그곳에서 하나님의 자녀들이 우리 단기 선교팀을 기다리고 있었다. 이는 평생 잊을 수 없는 기적 같은 일이었다. 어떻게 그런 곳에 하나님의 자녀들이 있을 수 있는가! 언제나 그때를 생각하면 벅차고 가슴이 뜨거워지면서 주의 사랑과 은혜를 다시 한 번 절실히 느끼게 된다.

　　가장 인상 깊은 사역은, 그 지역에 콘크리트 학교(교회) 건물을 지어 준 것이다. 그 지역의 건물은 바나나 잎으로 얼기설기 엮어서 만든다. 방글라데시는 여름에 2차례 태풍이 지나가는데, 그때 많은 인명 피해와 재산 피해가 발생한다. 그런데 태풍이 올 때 지역 주민들이 학교 건물에 대피하여 인명 피해를 없앨 수 있었다. 이로 인해 복음을 알지 못하는 힌두인과 불교인에게 좋은 평가를 받아 교회에 참석하는 주민들의 비율이 조금씩 증가하고 있는 추세다.

　　방글라데시에서는 복음을 공개적으로 전할 수 없다. 오로지 축구 시합이 있을 때에만 공개적으로 복음을 전하며 관련 책자를 나누어 줄 수 있다! 축구 시합에는 지역 주민과 그 지역의 유지, 공무원과 국회 의원까지 참석하는데, 짧게나마 복음을 전하고 관련 책자를 참석한 모든 이에게 나누어 준다. 이때 복음을 듣고 개종한 힌두인, 불교인, 무슬림이 있다. 성경과 신앙 서적을 읽고 예수님을 영접하는 사례가 많은 것이다. 참으로 감격스러운 일이 아닐 수 없다.

그래서 이 지역에서는 축구 사역이 필수다. 문화 사역이 정말 중요하다. 우리 축구팀이 시합에서 이기면 여러 다른 지역에서 시합을 제의하게 되어서 자연스럽게 복음을 접하지 못한 곳에 가서 복음을 전하는 초석을 놓게 된다. 이것이 바로 축구 사역이다.

해마다 늘어가는 하나님의 자녀와 지역을 보면서 하나님이 허락하신 방글라데시를 잘 섬겨야 하겠다고 결심하게 된다. 방글라데시 단기 선교를 통해서 내가 구원받은 가치와 소중함을 다시금 확인한다.

세대를 넘어
주의 복음을 전파하는 것

_ 옥우원 장로

장년이 되어 예수님을 만나고 돌아보니 늘 뒤에는 기도하는 아내가 있었다. 장성한 아이들과 함께 복음을 전하며 했던 여행들이 너무도 감사하다. 온 세상을 바꾸겠다는 큰 꿈을 꾸기보다 한 가정의 남편이자 아빠로서 주님의 말씀에 순종하고, 직분자로서 교회의 비전을 따라 산 것이 전부다. 그 결과로 내 삶의 지경이 넓어졌고, 주의 크신 은혜를 세대를 넘어 전하게 되었다. 또 감사선교교회라서, 최경욱 목사님이라서, 서로를 이해하고 동역하는 우리 교회의 형제자매가 있어서 가능한 일이었다.

함께 선교지에 가서 사역할 때, 멋진 아빠이자 든든한 남편이란 걸 보여주고 싶었던 작은 욕심도 있었지만, 주님 주신 사명을 위해 같은 곳을 바라보고 달려갈 수 있는 동역자가 된 것이 너무도 감사하다.

이제 인생의 3막을 시작하려 한다. 하나님께서 앞으로 어떤 일을 우리 가족에게 행하실지 알 수 없지만 분명 선하게 인도하실 것이라 믿는다. 또한 우리 아이들의 인생을 통해서 하나님의 나라가 더 크고 넓어질 것을 소망한다. 물론 우리 부부의 삶을 통해서도.

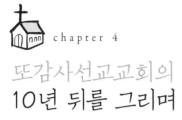

chapter 4

또감사선교교회의
10년 뒤를 그리며

지난 10년 동안 또감사선교교회는 선교에 집중해 왔다. 첫해부터 교회 예산의 대부분을 선교비로 책정하면서 계획보다 더욱 큰 결실을 거두었다. 교회 전체 예산의 90% 가까운 금액을 매년 선교에 사용할 정도로 헌신했다. 그 중심에는 성도들이 있다. 교회는 그리스도가 머리가 되고, 성도들이 그 몸을 구성한다. 늘 기억할 것은 성도들이 앞장서서 리더십을 발휘해야 한다는 것이다. 내가 다시금 이것을 강조하는 것은 교회가 진정한 모습을 잃어버렸다는 생각이 들기 때문이다.

우리는 왕 같은 제사장이다! 예수님께서는 이 땅에 오셔서 우리의 죄를 대신하여 죽으시고, 부활하고, 승천하셨다. 승천하기 전에 제자들에게 그분의 마음을 나누어 주었다. 그것은 우리가 잘 알고 있는 지상 명령이다. 모든 족속으로 제자를 삼으라고 말씀하신 주님의 뜻을 향해 우리는 계속 나아갈 것이다. 모든 민족을 제자 삼는 일에 열심을 다할 것이다.

〈시편〉 67편에서 기자가 기도하듯이 모든 민족이 하나님을 찬송하도록, 예배가 모든 민족 가운데 회복될 수 있도록, 모든 열정을 다 쏟을 것이다. 나는 성도와 함께 그 일에 앞장설 것이다. 오늘날 교회는 소수의 목회자나 성도에 의해 선교가 진행된다. 대부분의 성도는 구경꾼처럼 머문다.

그러나 모든 믿는 자는 선교사다. 선교의 사명을 받은 자들이다. 지상 명령을 주님으로부터 받는 자들인 것이다. 그렇기에 소명 의식을 가지고 지상 명령을 이루기 위해서 달려가야 한다. 또감사선교교회는 성도수가 300여 명에 불과한 이민 교회지만, 우리 한 사람 한 사람은 주님이 허락한 사명을 감당하는 사람으로 설 것이다.

근래에는 또감사선교교회가 다민족이 살고 있는 미국 LA에 있다는 것을 더욱 깨닫게 하신다. 그리고 앞으로 10년을 내다보며 우리는 이 지역을 위해, 특히 소수 민족 목회자들을 도와서 지역 사회를 돌보고자 한다. 그들의 필요를 채우고 복음을 전하며, 그들과 함께 전 세계를 품고 선교할 것이다. 언어와 풍습이 다른 하나님의 사람들이 모여서 해야 할 것은 예배고, 기도며, 선교라고 생각한다. 모이기를 힘쓸 것이고, 함께 기도하며 시대적 선교를 감당할 것이다.

2010년 인구 조사에 의하면 LA에는 140개 국의 다민족이 살고 있

LA 근교에 있는, 15개 나라를 대표하는 교회가 모여 함께 드리는 글로벌 예배

LA 근교에 있는, 15개 나라를 대표하는 교회가 모여 함께 드리는 글로벌 예배

으며, 이들이 사용하는 언어는 224개이다. 하나님께서 또감사선교교회를 통해 소수 민족 교회와 목회자들을 격려하기 원한다. 그래서 그들의 고향 나라까지 선교가 이어지길 소망한다. 최근에 이란, 엘살바도르, 온두라스, 미크로네시아, 페루, 과테말라를 다녀왔다. 우리들의 선교 여행은 계속 진행될 것이다.

지금도 적지 않은 재정과 시간을 소수 민족 교회 목회자들을 위해 쏟고 있다. 지금은 두 달에 한 번씩 다민족 예배(글로벌 예배)를 드린다. LA에서 함께 목회하면서 우리 교회와 파트너로 있는 소수 민족 교회들과 예배를 드릴 때마다 하나님의 강한 임재를 느낀다. 천국을 미리 맛본다는 표현이 적절할 정도다.

최근에도 15개 나라를 대표하는 민족이 함께 모여서 예배를 드렸다. 예수 안에서 하나 되어 함께 찬양하고 말씀을 접하며, 성만찬을 나누고 기도할 때, 하나님은 우리의 예배를 기뻐 받아 주셨다. 앞으로는 한 달에 한 번씩 이 예배를 하려 한다. 하나님께서 계속적으로 변두리 사람들을 모아 주실 것이고, 이들로 인해 이 지역이 축복을 받아 세계 선교의 한 부분을 감당하게 될 것이라 확신한다.

또한 이민 교회로서 늘 조국을 기억하며 기도한다. 조국의 교회를 위해서 무엇을 할 수 있을까 생각하다가 얼마 전부터 한국에 사는 외국인들을 위해 공동체 세우는 일을 하고 있다. 최근에 한국에서 필리핀 교회와 미얀마 교회가 시작되었다. 아시아연합신학대학교 출신 목사들이 목회를 하고 있다. 그 사역에 또감사선교교회가 동참할 수 있어서 감사하다.

한국에서도 늘어나는 외국인 근로자와 다문화 가정, 그리고 외국 유학생을 섬길 수 있는 교회가 세워지길 원한다. 그 일에 이민자의 심정을 잘 이해하는 이민 교회가 앞장서서 교회들을 세워 나가길 바란다.

또한 앞으로의 10년은 장기 선교사들을 한분 한분 선교지로 파송할 수 있게 되기를 소망한다. 작년 여름, 매주 마다 단기 선교팀을 여러 곳으로 파송하는 예배를 드렸다. 단기 파송을 받기 위해 강단에 올라와서 기도를 받는 팀원들을 보면서, 장영민 권사는 "단기로만 갈 것이 아니라, 누군가 우리 가운데 장기 선교사로 헌신해야 하는데…" 하는 마음이 들었다. 그런데 "네가 가지 그러렴!" 하는 마음을 주님이 주셨다. 60세가 넘은 멋쟁이 권사, 은퇴하고 편히 살 수 있는 분이 주님의 부르

매년 추수감사절에 정성스레 단을 쌓고,
예배 후에 이 과일들로선교의 마음을 나눈다

심에 순종하여 지금 필리핀에 머물고 있다. 고아원과 양로원 사역을 감당하기 위해 답사하는 중이다. 필자 또한 곧 필리핀을 방문하여 함께할 예정이다. 장 권사가 주님의 부르심에 망설임 없이 반응할 수 있었던 것은, 늘 주님과 동행하면서 주님의 목소리에 익숙했기 때문이었다. 주님의 음성을 듣고 선교지로 떠나는 첫 물꼬를 터 주었다. 앞으로 10년 동안 하나님께서 우리 이민자들을 세계 곳곳에 파송하길 사모한다. 그러기 위해서 늘 주님의 음성을 들을 수 있는 제자가 되기 위해 준비하며 나아가야 한다.

앞으로도 하나님의 마음이 향하는 곳으로 항상 전진하는 또감사선교교회가 되기를 소망한다.

LA또감사교회의

선교
행전